KB060737

팍스, 가장 자유로운 결혼

팍스, 가장 자유로운 결혼

발행일 ; 제1판 제1쇄 2018년 7월 9일 제1판 제4쇄 2023년 8월 7일
지은이 ; 이승연 발행인·편집인 ; 이연대
CCO ; 신아람 편집 ; 곽민해
제작 ; 허설 지원 ; 유지혜 고문 ; 손현우
펴낸곳 ; ㈜스리체어스 _ 서울시 중구 한강대로 416 13층
전화 ; 02 396 6266 팩스 ; 070 8627 6266
이메일 ; hello@bookjournalism.com
홈페이지 ; www.bookjournalism.com
출판등록 ; 2014년 6월 25일 제300 2014 81호
ISBN ; 979 11 86984 65 9 03300

BOOK
JOURNALISM

팍스, 가장 자유로운 결혼

이승연

; 결혼의 본질은 서로의 다름을 인정하고 노력
으로 차이를 극복해 나가는 것이다. 다양한 개인
이 존재할 수 있다는 생각으로부터 평등한 가족
문화가 만들어진다. 팍스는 각자의 방식으로 살
기로 한 시민들의 선택을 국가가 법으로 보장한
다는 점에서 진정한 시민의 권리를 질문하게 한
다. 상대에 대한 진심이 있다면 결합의 형태는
본질이 아니다.

차례

새로운 결혼을 그리다

그와 함께 살기로 했다

미국에서 대학을 마치고 무작정 파리로 건너갔다. 파리에 가본 경험이라곤 학부 시절 어학연수로 한 학기를 보냈던 것이 전부였다. 부모님은 술이라도 먹어야 몇 마디 해볼 수 있는 불어 실력으로 파리에서 살겠다는 딸을 걱정했지만 갓 대학을 졸업한 나에게는 거칠 것이 없었다. 파리에서의 초기 생활은 순조로웠다. 가톨릭 대학의 어학당에서 공부한 지 1년 만에 한 패션 회사의 시간제 인턴으로 일하게 됐고, 운 좋게도 이 회사의 액세서리 디자이너로 취직할 수 있었다. 이때만 해도 파리의 중심지 마레 지구로 출퇴근하며 '인생이 이렇게 잘 풀려도 되는가'라는, 어린 시절에나 가능한 환상에 푹 빠져 있었다.

내가 세상 물정에 어두웠다는 사실을 깨닫는 데는 오랜 시간이 걸리지 않았다. 어느 시대, 어느 나라도 마찬가지겠지만, 낭만과 예술의 도시 파리에서도 제일 중요하고 어려운 것이 사람을 사귀는 일이다. 파리 생활 초기에는 일부러 여러 사람을 만나러 다니고, 이들이 초대한 파티와 저녁 식사에 흔쾌히 함께했다. 더 많은 사람을 만날수록, 파리에 완벽히 적응하고 있는 것처럼 느껴졌기 때문이다. 하지만 프랑스 사회의 장벽은 높았다. 현대의 파리는 베르사유 궁전에서 그들만의 연회를 즐기던 귀족 문화의 연장선에 있다. 겉으로는 친한 척하지만 중요한 정보는 같은 프랑스인끼리만 공유하는 고고함을 알아차린 것은 오랜 시간 불필요한 에너지를 소모한 뒤였다.

그리고 지금의 파트너, 줄리앙Julien을 만났다. 퐁피두 센터의 옥상 파티에서 만난 그는 세상 모든 고뇌를 혼자 짊어지고 있는 것 같은 표정의 훤칠한 사내였다. 투덜거리는 모습까지 영화 〈아멜리에〉에 나올 법한 전형적인 프랑스 남자였다. 파티에서 짧은 인사를 나눴던 우리는 같은 해 여름, 스페인 바르셀로나 소나르Sonar 뮤직 페스티벌에서 우연히 재회하고 본격적으로 만남을 가졌다. 데이트는 소박했다. 집에서 함께 영화를 보거나 음식을 만들어 먹었다. 시끌벅적한 파티에서 밖으로 에너지를 쏟는 일에 지쳐 있던 나는, 마음이 잘 맞는 누군가와 집에서 시간을 보낸다는 사실이 좋았다. 중학교 때 미국으로 유학을 가면서 줄곧 가족의 품을 떠나 있었기에 집에서 추억을 쌓아 가는 일이 더 즐거웠던 것인지도 모른다.

뛰어난 요리 실력의 소유자이자, 당황스러울 정도로 주관이 강할 때가 있지만 심성이 착한 사진작가는 이렇게 나의 삶에 들어왔다. 줄리앙은 함께 저녁 식사를 준비하며 음악을 듣는 것을 좋아했고, 나의 퇴근 시간에 맞춰 함께 보고 싶은 영화를 골라 두는 다정한 남자였다. 교제를 시작한 뒤로 우리는 거의 매일 서로의 집에서 시간을 보냈다. 룸메이트와 같이 살고 있던 나보다는 혼자 사는 그의 아파트를 찾는 날이 많았다. 함께 방을 쓰던 영국 친구가 런던으로 떠나고, 어색한 사이

줄리앙과 나, 고양이가 함께 있는 모습

의 이탈리아인과 룸메이트가 되면서 그의 집에 머무는 시간
은 더 길어졌다.

결국 우리는 함께 살기로 했다. 동거는 당시 우리 상황에
서 퍽 합리적인 선택이었다. 이탈리아 사람이었던 내 룸메이
트가 피렌체로 돌아가면서, 매달 1000유로가 넘는 집세와 공
과금을 혼자 감당하게 된 것이다. 월급의 절반이 넘는 거액이
었다. 필요하다면 룸메이트를 다시 구할 수도 있었겠지만, 또
다시 친하지도 않은 사람과 같은 공간에서 살고 싶지 않았다.
편안해야 할 집에서도 잘 모르는 사람과 쭈뼛거리며 시간을
보내기에는 마음의 여유가 없었다. 이런 상황에서 아주 현실
적이고도 논리적인 결정은, 줄리앙과 살림을 합치는 것이었다.

이 결정을 알리자 엄마는 땅을 치고 반대했다. '결혼도
하지 않은 애가 감히 남자와 동거를 하느냐'는 잔소리가 쏟아
졌다. 한국 사회의 문화에 익숙한 엄마가 날 이해하지 못하는
것도 당연했지만 많은 시간을 해외에서 보낸 나 역시 엄마를
이해할 수 없었다. 집세는 엄마가 내는 게 아니라 나의 몫이
며, 줄리앙과 함께 사는 것이 좋으니 이렇게 하겠다고 설명은
했지만 서운한 마음이 들기도 했다.

주변의 프랑스 친구들이나 회사 동료는 파트너와 사귄
기간이 길어지면 자연스럽게 동거를 시작하고, 그러다 아이
를 가지면 결혼을 하거나 팍스PACS·Pacte civil de solidarité를 맺는 것

이 일반적이었다. 한국어로는 '시민 연대 계약'으로 번역할 수 있는 팍스는 두 성인이 서로의 관계를 법적으로 인정받을 수 있는 제도다. 프랑스인들은 결혼이라는 제도 자체를 중요하게 생각하지 않는다. 결혼도, 팍스 계약도 하지 않고 동거 상태로 지내는 경우도 많다. 파리의 특성일 수도 있고 세대에 따라 다를 수도 있지만 내 주변의 프랑스 커플 중에서 결혼을 한 부류는 성 한 채를 가지고 있는 부르주아 집안이거나 독실한 신자, 나이가 있는 커플이나 파트너 중 한 사람이 외국인이어서 비자가 필요한 경우 등이었다.

워킹 비자가 있었던 나 역시 결혼의 필요성을 크게 느끼지 못했다. 나는 곧 아파트 계약을 해지한 뒤 줄리앙의 집으로 들어가게 됐다. 함께 살며 싸우는 일이 없었던 건 아니다. 거의 30년을 다르게 살아온 두 사람이 같은 공간에서 사는데 싸우지 않으면 더 이상한 일이었다. 오히려 결혼식을 올리고 나서야 함께 사는 커플들이 무척이나 용감하게 보였다. 누군가와 함께 사는 것은 무지의 세계로 발을 딛는 것이다. 우리는 불같이 싸우며 서로의 경계선을 알아 가고, 서로의 영역을 존중하는 법을 배웠다. 이렇게 서로를 위해 노력할 수 있었던 건 그와의 동거가 결혼을 했다는 의무감 때문이 아니라, 나의 의지에 따라 선택한 결과라는 생각이 컸던 덕이다.

우리가 정한 방식으로 살기

줄리앙과 팍스를 맺게 된 것은 회사에 다닌 지 5년 정도 됐을 무렵이다. 나는 패션업계가 의외로 창의적이지 않다는 사실에 힘들어하고 있었다. 회사 규모가 작았기 때문에 지금의 상사가 10년 뒤에도 똑같이 그 자리를 차지하고 있을 터였다. 그렇다면 나도 이 회사에서 더 이상은 발전하기 힘들 것이 분명했다. 사무실에서 꼬박꼬박 나오는 월급을 받으며 일하는 것보다, 나의 삶을 더 재미있고 가치 있게 바꿀 수 있는 일을 하고 싶었다.

다행히 회사를 나가더라도 정부로부터 2년 동안 월급의 70퍼센트에 해당하는 실업 수당을 받을 수 있었다. 프랑스에서는 4개월 이상 같은 회사에서 정규직으로 근무하면 실업 수당을 받을 자격이 된다. 무엇보다 외국인도 이런 제도의 수혜를 받을 수 있다는 사실에 감격했다. 이 수당이 있다면 천천히 앞으로의 방향을 준비할 수 있었다. 줄리앙은 나의 선택을 지지했다. 그림을 그리고 싶다는 내 결정을 존중했다. 부모님은 절대로 회사를 관두면 안 된다고 했지만, 앞으로 나와 함께 살며 미래를 준비할 사람은 부모님이 아니라 그였다.

대신 프랑스에서 더 안정적으로 머물기 위해 줄리앙과의 관계를 공식화하기로 했다. 사귄 지는 5년, 동거한 지는 3년이 되던 해다. 우리의 선택은 당연히 팍스였다. 원래 팍스는 동성 커플의 법적 권리를 보장하기 위해 마련된 제도다. 현재는 동성 결혼이 합법화됐지만 팍스 제도가 만들어진 1999년만 해도 그 필요성에 대한 사회적 공감대가 부족했다. 그래서 중간 단계로서 결혼을 대체할 수 있는 제도를 만들었던 것이다. 2013년 동성 결혼이 합법화된 후에도 팍스는 계속 남아 있다. 동성 커플은 물론, 결혼에 담긴 종교적, 전통적 사고방식에 동의하지 않거나 간소한 결합 방식을 원하는 이성 커플에게도 인기가 높다.

　팍스를 맺으면 국가에서 발급하는 증명서에 팍스 여부가 기록되고, 파트너는 배우자로서의 법적 권리와 의무를 가진다. 양도세, 소득세를 비롯한 세금이나 건강 보험료도 결혼한 부부와 같은 수준으로 공제 혜택을 받을 수 있다. 증여나 상속, 연금은 그에 비해 제한적이지만 재산에 관해 미리 공증을 받는 것으로 어느 정도 보완할 수 있다. 오히려 결혼한 부부가 이혼 소송을 밟기 위해 법정에 가고, 많은 돈과 시간을 쓰는 것에 비해 팍스를 맺은 커플은 간단한 서류를 보내는 것으로 서로의 관계를 정리할 수 있다. 만약 한 사람이 파기를 원할 경우에는 집행 영장을 통해 의사를 전달하면 된다. 커플 중 누군가가 결혼을 하면 팍스 효력은 사라진다.

　팍스는 1998년 사회당 리오넬 조스팽Lionel Jospin 총리의 주도로 만들어졌다. 통과되기까지의 과정이 쉽지는 않았다.

기독민주당과 보수 우파의 반대가 만만치 않았기 때문이다. 당시 기독민주당 의원이었던 크리스티나 부탕Christine Boutin은 입법 표결 전 다섯 시간 동안 성경을 들고 필리버스터를 하며 "동성애를 인정하는 모든 문명은 쇠퇴할 것"이라고 주장하기도 했다.

그러나 이제는 부탕을 비롯한 정치인 대다수가 곽스 제도에 찬성한다. 2017년 11월 프랑스 일간지《르몽드》에 실린 경제통계연구원INSEE·L'Institut national de la statistique et des études publiques의 자료에 따르면, 해마다 55만 쌍의 커플이 동거하며, 24만 쌍이 결혼을, 16만 쌍이 곽스를 맺는다고 한다. 곽스에 대한 선호도는 젊을수록 더 높다. 신기한 것은 결혼한 부부의 3분의 1이 이혼을 결정하는 데 반해, 곽스를 해지하는 비율은 10분의 1 정도로 현저히 낮다는 사실이다.

만약 한국 관습에 맞추어 결혼을 하려면 줄리앙과 한국까지 날아가서 부모님 허락을 받아야 했을 것이다. 안정적인 직장에 다니는 상대를 원했을 부모님에게 줄리앙은 부족한 사윗감이었을 것이다. 게다가 자유, 평등, 박애를 부르짖는 전형적인 프랑스인 줄리앙은 종교와 정부는 오래전에 분리됐으니 종교적 전통에서 비롯된 결혼식은 올리고 싶지 않다는 의견을 밝혔다. 그는 나와 함께 평생 살고 싶고 진심으로 나를 사랑하지만, 이 마음을 남들 앞에서 결혼이란 제도를 통해 증명

할 필요는 없다고 했다.

맞는 말이다. 개인과 개인의 만남에서 중요한 것은 서로에 대한 존중과 교감이다. 서로에 대한 진심이 있다면 누군가에게 결혼 사실을 꼭 알려야 하는 것은 아니다. 결혼을 했다고 둘 사이가 원만하게 유지되는 것도 아니다. 두 성인이 관계를 유지하기 위해서는 서로의 꾸준한 노력과 실천이 중요하다.

우리는 마침내 팍스를 맺었다. 팍스 신청에 필요한 절차는 매우 간단하다. 각자의 신분증과 출생증명서, 두 사람이 친인척 관계가 아니라는 사실을 증명하는 서류와 동거 증명서, 결혼 경험이 있다면 이혼 서류 또는 배우자와 사별했다는 증명 서류 등이 필요하다. 외국인의 경우 영사관에서 관습 증명서를 받아야 한다. 관습 증명서는 출생지의 결혼 제도가 프랑스의 결혼 제도에 반하지 않으며, 유사한 형태를 가지고 있다는 사실을 보여 주는 서류다. 마지막으로는 서로가 원하는 결합 방식을 자유롭게 적은 두 사람만의 팍스 계약서를 내면 된다. 이 계약서에는 동거를 하며 자신의 능력에 따라 커플의 삶을 유지하기 위한 비용을 치르겠다는 것부터, 부동산이나 재산을 소유할 때 관리를 알아서 한다는 조항을 만들 수도 있다. 팍스를 맺고 생활하다가 처음 쓴 계약서를 수정하는 것도 가능하다.

서류를 제출한 뒤, 시청의 한 사무실에서 직원의 안내

에 따라 서명을 하는 것으로 모든 절차가 끝났다. 증인도, 친구도, 가족도 없이 진행된 계약이 너무 간단해서 웃음이 났다. 그날 오후 우리는 근사한 식당에서 점심 식사를 함께했고, 저녁에는 줄리앙의 동생 집에서 파티를 열어 친구들과 축배를 들었다. 두 개인이 합의를 통해 서로의 삶에 서로를 들이기로 결정했다는 점, 우리의 결정에 가족이나 친척이 개입하지 않았다는 점에서 해방감을 느꼈다. 파티에 참석한 가족들, 친구들은 그와 나의 결정을 진심으로 축하했고 우리는 우리 삶의 주인공이 됐다는 사실에 행복했다.

　　결혼식을 올린 친구들의 이야기를 들어 보면 많은 사람들이 준비 과정에서 스트레스를 받는다. 결혼 장소나 절차, 예복 등을 맞추다 의견 차로 다투기도 하고 가족이나 친척들이 두 사람의 결혼에 개입하는 일도 많다. 이 모든 것을 수개월에 걸쳐 준비했더니, 결혼식 당일은 즐길 새도 없이 지나가 버렸다고 하는 커플도 있었다. 또, 스스로는 결혼식을 올리고 싶지 않지만, 가족들의 체면치레를 위해 행사를 치른 것 같다는 경우도 있었다. 결혼이란 아름다운 일이지만 자신이 원하지 않는 일을 관습이라는 이유로, 전통이라는 이유로 해야 하는 것만큼 힘든 일은 없다.

혼자만의 공간이 필요하다

줄리앙이 가장 좋아하는 것은 요리다. 한번 하면 서너 시간을 들여야 완성할 수 있는 비프 부르기뇽(bœuf bourginons, 레드 와인을 넣고 오래 끓인 소고기 스튜)이나, 블랑켓 드 보(blanquette de veau, 송아지 고기와 야채를 넣고 오래 끓인 부드러운 스튜) 등의 전통 프랑스 요리를 즐겨 한다. 모든 프랑스 남자가 그렇지는 않지만 프랑스인 커플들과 어울려 여행을 가면 여자들이 테라스에 앉아 와인과 함께 수다를 떠는 동안, 남자들이 부엌에서 저마다 자신 있는 레시피를 자랑하며 요리를 만드는 모습을 어렵지 않게 볼 수 있다.

능숙한 솜씨로 고기와 야채를 다듬고, 요리사 부럽지 않은 동작으로 팬을 다루는 건 기본이다. 최고급 육류를 취급하는 정육점이 있다든지, '이 가게의 염소 치즈를 못 먹어 봤으면 말을 말라'든지, '야채는 여기가 최고'라는 등 한국에서 주부들이 나눌 법한 대화가 등장하기도 한다. 이들의 요리 지식은 경험에서 나온다. 퇴근 시간이나 주말에 장을 보러 가면 남성들이 아이들의 손을 잡고 나온 모습을 쉽게 목격할 수 있다. 주 35시간의 평균 근로 시간 덕에 아이와 시간을 보낼 수 있는 여유가 있다. 물론 평균적으로 가사와 육아를 더 많이 부담하는 쪽은 여성이다. 남녀 임금 격차도 선진국에 비해 작은 편은 아니다. 그럼에도 프랑스 커플들에게는 어느 한쪽이 상대를 위해 희생할 수 없다는 긍정적인 개인주의가 있다. 가사 노동은 남녀 모두가 해야 할 일이란 생각이 일반적이다.

　가사 노동을 얼마나, 어떻게 분담할 것인지는 파트너와의 대화와 협상을 통해 만들어 나간다. 줄리앙과 함께 살며 쉬운 것이 하나도 없었다. 그는 집안 물건이 어질러져 있어도 개의치 않는 것 같았지만, 내게는 물건이 제자리에 없다는 사실이 공간 전체를 무너뜨리는 것처럼 느껴졌다. 한편으로 화장실 청소를 싫어하는 나와 달리 그의 취미는 세면대와 변기를 윤이 나게 닦는 일이었다. 물건 정리는 하지만 구석구석 닦을 줄은 몰랐던 내게 '집안일은 이렇게 하는 것'이라며 온 집안의 가구를 들추고 청소 시범을 보이기도 했다. 이런 과정에서 나도 그를 따라 정리에 대한 강박에서 벗어났고, 그는 규칙 없이 놓아두던 물건을 잘 정리하기 시작했다. 요리는 번갈아가며 했지만, 식재료에 대한 이해는 그가 더 높았다. 내가 요리하는 날에는 그가 대신 부엌을 정리하고 세탁기를 돌렸다.

　줄리앙이 가사 노동에 자연스럽게 참여하는 모습이 처음에는 신기했다. 그가 이런 면모를 가질 수 있었던 이유는 크리스마스에 니스의 줄리앙 부모님 댁을 방문하면서 밝혀졌다. 집은 줄리앙의 삼 남매와 친척들로 북적였다. 어머니가 열 명이 넘는 이들의 식사를 위해 부엌을 지휘하고 있었지만, 집에 있는 남자들에게도 각자 역할이 하나씩 있었다. 아버지는 "크림이 더 필요해"라거나 "화이트 와인이 없네" 같은 말이 나올 때마다 연신 장을 보러 갔고, 크리스마스에 빠질 수 없는 굴을 200개나 넘게 깠다.

식사는 코스 요리로 나왔는데 전채 요리, 푸아그라, 생선 요리, 고기 요리, 디저트로 이어지는 식사 내내 가족들이 돌아가며 접시를 내왔다. 요리에 따라 달라지는 와인을 따르는 일은 아버지의 몫이었다. 남자 어른은 모여서 고스톱을 치거나 텔레비전을 보고, 여자들만 부엌에서 하루 종일 요리를 하는 한국의 명절과는 대조적인 모습이었다. 명절에만 이런 것도 아니다. 이후에도 니스의 집을 방문하면 두 분께서 부엌에 둘러앉아 야채를 다듬고 음식을 하며, 함께 식탁을 치우는 광경을 목격할 수 있었다. 특히 일을 쉬는 날에 장을 보러 가는 것은 당연하게도 남자들의 몫이었다.

주변에 아이를 키우는 커플을 보면 아이가 아빠와 보내는 시간이 많다. 출근길에 아이를 학교나 유치원에 데려다주는 아빠들이 많고, 오후에 아이들을 데리러 오는 부모 중에도 아빠가 심심치 않게 있다. 이벤트 회사에 다니는 미카엘Michael과 데커레이션 디자이너인 마틸드Mathilde는 팍스를 맺고 세 아이를 기른다. 첫째는 이제 여덟 살이고, 막내는 돌을 막 넘겼다. 미카엘은 매일 아침 식사를 준비하고 아이들에게 아침을 먹인다. 그동안 마틸드는 차례대로 아이들을 학교

세 아이를 키우는 미카엘과 마틸드 커플의 일상. 프랑스에서는 가사와 육아를 남녀가 공평하게 부담하려고 한다.

와 보육원에 보낼 채비를 한다. 아이를 데려다주는 것은 주로 마틸드지만, 미카엘도 일주일에 1~2회는 아이들과 함께 등교한다. 마틸드가 오후에 아이들을 데려오면, 미카엘은 저녁 식사를 준비한다.

그렇다고 가정에 충실한 사람이 사회생활에서 소외되는 것도 아니다. 미카엘과 마틸드는 모임에 나가게 될 경우 번갈아 가며 아이들을 돌본다. 미카엘이 나가면 마틸드가, 마틸드에게 약속이 있을 때는 미카엘이 아이들과 놀아 주고 잠자리에 들게 한다. 부부 동반 약속이 있는 때는 시간제 베이비시터를 고용한다. 가사나 양육을 비롯한 가정 내의 활동에서 어느 한쪽이 희생하는 경우는 찾아보기 어렵다. 나는 두 사람이 파티에서 늦게까지 즐겁게 놀다 가는 모습을 종종 봤다. 막내의 기저귀는 누가 가냐는 질문에는 "당연히 모두 같이 한다"고 답한다.

또 이들이 강조한 것은 영아 단계에서부터 잘 갖춰진 육아 복지 시설과 정책이다. 프랑스에서는 엄마가 직업이 있든 없든 탁아 시설에 아이를 맡기거나 또래 아이 4~5명을 동시에 봐주는 보모를 고용하는 것이 일반적이다. 결혼을 하지 않고 팍스만 맺은 상태에서도 아이에게 제공되는 복지 혜택을 누릴 수 있다. 탁아소에는 국가 자격증을 보유한 보육사들이 있고, 이들은 아이의 식사를 챙기는 것은 물론 아이들과 놀아 주고 기저귀를 갈아 주는 일까지 도맡는다. 아이를 시설에 보내지 않고 집으로 보모를 부르는 것도 가능하다. 보모에게 지급한 급여의 절반 정도는 소득세에서 공제된다.

직장을 다니는 여성들은 출산 후 6개월 정도가 되면 탁아소를 찾고, 전업주부도 돌이 되기 전부터 파트타임으로 아이를 맡긴다. 덕분에 아이를 낳고 얼마 되지 않은 여성도 걱정 없이 일터로 복귀할 수 있다. 여기에 해마다 사용할 수 있는 5주의 유급 휴가는 세계 어디에도 없는 파격적인 제도다. 유급 휴가는 원할 때마다 1~2주씩 사용할 수 있지만, 대부분 8월에 3주 이상 몰아 쓰는 편이다. 이때가 되면 프랑스 지역 대부분이 유령 도시처럼 변하는데, 이 기간 동안 가족끼리 많은 시간을 함께하며 유대감을 기를 수 있다. 프랑스 커플의 삶에서 공통적으로 나타나는 자세는 결혼 여부나 아이의 존재와 무관하게 혼자만을 위한 시간이 필요하다는 것이다. 그래서 직장을 다니지 않는 전업주부도 아이를 맡기고 자신을 위한 시간을 가진다.

니스에 사는 치과 의사 알렉스Alex와 정신과 의사 줄리아Julia는 네 살배기 안나Anna의 부모다. 두 사람은 개인 병원을 함께 운영하고 있어서 계획을 세워 안나를 돌보는 날을 정한다. 안나를 보기로 한 사람은 일찍 퇴근해 유치원에서 아이를 데려오고, 장을 봐서 저녁을 먹이고, 아이와 시간을 보내며 놀아

준 뒤 재우는 것까지 모두 맡아 한다. 이때 다른 한 사람은 사무실에 늦게까지 남아서 미처 하지 못한 일을 마무리한다. 주말에는 모두 같이 시간을 보낸다. 특이한 것은 줄리아가 일주일에 하루 정도 저녁에 자신만의 시간을 갖는다는 점이다. 중심가를 산책하며 쇼핑을 하거나 책을 읽거나 글을 쓴다. 줄리아는 "나를 위해 보내는 시간은 아주 중요하며, 창의적인 생각과 긍정적인 태도를 유지하기 위해서 꼭 필요하다"고 말한다.

파리에 사는 건축가 줄리앙Julien과 럭셔리 패션 회사에서 일하는 마르첼라Marcela의 경우를 보자. 마르첼라는 럭셔리 패션 회사의 유럽 매장에서 디스플레이를 책임지고 있다. 일주일에 2~3일은 출장이 있는 그는 2년 전에 아만다Amanda를 낳았다. 4개월의 유급 육아 휴직이 끝난 후, 남편인 줄리앙은 한 달간의 육아 휴직을 썼다. 그는 마르첼라가 매주 2박 3일씩 출장을 가는 동안 딸을 돌봤다. 브라질 출신인 마르첼라는 "프랑스 남성은 대부분 가사와 육아를 5 대 5로 분담한다"며 "브라질에서는 아이 젖병을 물릴 줄도 모르는 아빠가 많다"고 했다.

가사 노동을 대체로 여성이 하고, 출산이나 육아 등의 이유로 직장 생활을 중단하는 여성이 많은 한국의 문제는 어린 시절부터 남성이 가사 노동에 참여하는 것을 꺼리거나, 그런 생활을 접해 보지 못하는 데서 비롯한다. 늦게까지 야근을 하는 것을 당연시하고, 친목을 다지기 위해 회식을 만드는 조직 문화도 중요한 요인이다. 성별이나 위계와 같은 구분 탓에 모든 개인이 동등한 권리를 누릴 수 없는 풍토는 다시 관련 정책의 부재로 이어진다. 아이를 돌보는 일이 개인의 몫으로 돌아가는 한국과 달리, 프랑스에서는 국가의 적절한 지원을 받으며 일과 가정을 모두 지킬 수 있다. 팍스를 맺은 커플뿐만 아니라 결혼을 한 경우에도 남녀가 가사나 육아에 참여하는 정도는 비슷하다. 프랑스 가정에는 대체로 평등한 분위기가 있기에, 시민 대 시민의 결합이라는 팍스의 존재 의의가 제대로 살아날 수 있다.

프랑스 부모들은 다 이렇게 쿨한가요?

한국에서 큰 인기를 끌었다는 웹툰 〈며느라기〉를 읽었다. 주인공 민사린의 결혼 생활을 통해 고부 갈등과 시집살이 등 행복한 결혼 이면의 성차별을 그린 작품이다. 아직도 이런 문화가 사라지지 않았다는 사실에 놀랐다. 어렸을 때 제사만 지내면 할머니부터 엄마, 숙모 등 집안 여자들이 일하느라 부엌에서 나오지 못하는 모습을 많이 보긴 했다. 하지만 지금은 그런 문화가 다 옛일이 됐을 거라고 생각했다. 한국에서 가정을 이룬 친구들과 연락을 못 한 지도 오래라, 여전히 많은 여성이 시댁과 갈등을 겪고 있다는 사실을 몰랐던 것이다. 한국에 사는 내 친구들이 극 중 사린과 같은 불편한 상황에서 꾹 참고 있을 것을 생각하니 화가 났다.

프랑스에는 한국의 '시월드'와 같은 개념이 없다. 물론 어떤 집안은 며느리에게 바라는 바가 많을 수도 있다. 하지만 적어도 프랑스 사람이면 누구나 공감할 정도의 차별은 없다. 줄리앙의 부모님께서도 며느리로서의 의무를 강요하거나, 우리 커플에게 훈계를 하신 적이 없었다. 시어머니 도미니크Dominique는 프랑스 대통령 에마뉘엘 마크롱Emmanuel Macron이 태어난 북프랑스의 아미앙 지방 출신으로, 키가 크고 금발에 푸른 눈을 가진 미인이다. 그보다 키가 조금 작은 아버지 이브Yves는 모로코 출신으로, 북아프리카 출신의 프랑스인을 뜻하는 피에느와르pieds-noirs다. 이브는 유쾌한 성격에 호기심도 많으셔서 프랑스에서 나는 과일을 보면 한국에서도 구할 수 있는지 꼭 물어보신다.

　두 분의 슬하에는 세 자녀가 있다. 첫째 아들이 줄리앙이고, 둘째 아들은 한국으로 치면 해양수산부 공무원으로 일하고 있는 에도와르Edouard다. 막내이자 딸인 폴린느Pauline는 잡지사의 프리랜서 에디터로 일하고 있다. 세 사람은 니스에서 자랐지만 현재는 학업이나 직장 등을 이유로 파리에서 산다. 줄리앙의 동생들은 대부분의 프랑스 청년들이 그런 것처럼 미혼인 상태로 각자의 파트너와 동거를 하고 있다. 시부모님은 이들의 결혼 여부에 개의치 않는다. '아이들이 행복하면 그게 최고'라는 생각이신데, 내게도 "팍스는 결혼과 똑같아. 줄리앙의 출생 신고서acte de naissance에도 네 이름이 있는 걸(프랑스는 출생 신고서에 가족 관계를 명시한다)"이라고 말씀하실 뿐이다.

　줄리앙의 두 동생과는 파리에서도 자주 보는 사이다. 파리에서 살아남는 것이 얼마나 힘든지 다들 잘 알고 있기 때문에 서로의 존재가 큰 위안이 된다. 두 사람은 줄리앙은 물론이고 내 프랑스 생활에서도 빼놓을 수 없는 친구들이다. 에도와르는 공무원으로 일하고 있으니 행정에 관한 것을 잘 알려 주고, 폴린느는 나처럼 잡지사 에디터로 일하기 때문에 행사 정보를 공유할 때가 많다. 줄리앙과 다투고 가장 먼저 찾는 사람도 폴린느다. 오빠를 잘 알고 있는 폴린느가 내 이야기에 공감하며 적절한 조언을 해준다.

두 사람과 우리 커플은 여름휴가 때나 크리스마스 시즌이 되면 다 함께 니스의 시댁으로 바다를 보러 간다. 3~4주를 시댁에서 보내는데도 불편한 점은 없다. 시부모님이 일하러 가시면 우리는 각자의 친구를 만나거나 바다에서 시간을 보내고, 저녁 시간에 맞춰 집으로 온다. 저녁 식사를 준비할 때도 거실이나 부엌에 둘러앉아 삼삼오오 대화를 하고, 모두가 크든 작든 저녁 식사를 만들기 위해 필요한 일을 하고 있다. 프랑스에서도 가사를 주로 맡는 것은 여성인지라 도미니크가 부엌을 통솔하지만, 이브도 요리에 들어갈 식재료를 다듬거나 과일을 자른다. 오븐에 구운 고기 요리를 잘라 나눠 주는 것 역시 이브의 몫이다. 생선 요리를 하면 가시를 발라서 접시에 내는 일은 도미니크가 맡는다.

한편 고기를 먹지 않는 폴린느는 수프나 샐러드, 과일주스를 준비하거나 채소를 이용한 요리를 만들고, 에도와르와 줄리앙 형제도 자신 있는 요리를 선보인다. 평소에도 디저트라면 사족을 못 쓰는 이들 형제의 주특기는 디저트다. 줄리앙은 각종 파이를 잘 만들고, 에도와르는 일 플로탕트iles flottantes를 좋아한다. 일 플로탕트는 떠 있는 섬이라는 뜻인데, 커스터드 크림 위에 포슬포슬하게 익힌 머랭을 띄운 음식이다. 그는 한번 요리를 하면 엄청나게 많은 양을 만들어서 사람들을 놀라게 한다.

무슨 일이 있어도 네 가지 코스를 지켜서 먹는 프랑스인의 특성상 식사 시간은 길어질 수밖에 없다. 전체 요리, 메인 요리, 치즈와 디저트가 나올 때까지 모두가 자리를 지키는 편이다. 긴 시간을 채우는 것은 끝없는 대화다. '프랑스인은 식탁에서 이로 무덤을 만든다'는 이야기가 있을 정도로 식사 시간에 오가는 이야기가 많다. 그러니 가끔은 디저트가 나올 때쯤 지쳐서 방으로 가는 경우도 있다. 식사가 끝나기 전에 자리를 비우는 게 예의 없는 행동인 건 알지만, 이런 자리가 날마다 있으니 며칠 정도는 빠져도 괜찮지 않을까 하는 변명을 찾게 된다.

충분히 대화를 하면서도 각자의 시간을 즐길 수 있으니 시댁에 가면 '힐링'이 절로 되는 기분이다. 도미니크는 무언가를 부탁하실 때도 며느리인 나보다 딸에게 하는 경우가 많다. 집안에 필요한 일이라면 나 역시 자진해 돕는데도, 딸에게 부탁을 하는 것이 아직은 더 편하신 모양이다. 한번은 밖에서 시간을 보내다 돌아와 보니 시어머니가 내 빨래를 정리하고 있었다. 그런 상황에서는 누군가 뭐라고 말하지 않아도 미안해서 일을 돕게 된다. 분위기가 이렇기 때문에 시댁에 있다는 불편함은 거의 없다.

우리 커플은 여름이 되면 휴양지 니스에 있는 줄리앙 부모님 댁에서 머문다. 저녁 식사를 준비하는 가족들의 모습

오히려 내가 먼저 "여기가 별 다섯 개짜리 호텔보다 더 아늑하고 편안하다"고 말할 정도다.

시댁 가족과의 대화에서 가장 많이 놀란 것은 피임에 대해 거리낌 없이 이야기를 나누는 모습이었다. 줄리앙은 늘 피임에 대한 정보가 궁금하면 약사인 자신의 부모님께 물어보라고 했다. 프랑스에서는 약국에서 처방전 없이 사후 피임약을 구할 수 있다. 어려서부터 성인이 되면 피임약을 먹는 것이 당연하다고 생각한다. 하지만 성 문제를 쉬쉬하는 한국에서 자란 내게는 시부모님께 피임에 관한 이야기를 한다는 것이 무척 쑥스러운 일이었다. 쭈뼛거리며 이야기를 못 꺼내고 있으니, 보다 못한 줄리앙이 '왜 이렇게 답답하게 구냐'는 표정으로 대신 말을 해주기도 했다. 시부모님은 흔쾌히 "너희가 아이를 낳을 계획이 없으니 피임을 하는 건 당연하다"며 피임에 대해 상담해 주셨다. 혹시 약이 필요하면 언제든지 이야기하라는 말씀과 함께.

이제 나는 산부인과에 관한 대화는 엄마와 하는 것보다 시어머니 도미니크에게 하는 쪽이 더 편하다. 의학계에서 일하고 계시는 만큼 건강 문제에 대해 자세한 답변을 들을 수 있다. 내가 한국에서 자궁경부암 검사를 받아야겠다고 했을 때 우리 엄마는 펄쩍 뛰셨다. '결혼도 아직 안 한 애가 그런 검사는 뭐 하려고 하느냐'는 거였다. 자궁경부암은 유방암에 이어서 여성에게 가장 많이 발생하는 질환이다. 최선의 예방책은 정기적으로 병원에 방문해 이상이 있는지 없는지 확인하는 것이므로, 산부인과를 자주 찾는 것은 당연하다.

한번은 한국과 너무 다른 프랑스 가정의 분위기에 대해 줄리앙에게 물어본 적이 있다. "프랑스의 모든 부모가 이렇게 쿨하냐"는 내 질문에 도미니크는 프랑스에도 한국처럼 전통적인 결혼 문화를 강조했던 시절이 있었다고 했다.

"프랑스에도 결혼을 하지 않고 동거를 하는 커플이나, 미혼이면서 아이를 낳는 것을 금기시했던 시절이 있었지. 68 혁명 전에는 말이야."

68혁명은 1968년 낭테르Nanterre 대학교 학생들이 시작한 반체제 운동이다. 처음에는 베트남 전쟁에 항의하는 대학생 시위였던 것이 노동자 파업으로 확산됐고, 정부의 강경 진압이 생중계되면서 많은 시민이 참여하는 운동이 됐다. 당시 프랑스 사회는 경제적으로는 풍요로웠지만 문화적으로는 성숙하지 못했다. 샤를 드골Charles de Gaulle 전 대통령의 장기 집권으로 사회에는 권위주의가 팽배했고, 조직에서는 엄격한 상명하복 체제와 가부장제가 작동하고 있었다. 경직된 사회 분위기에서 여성의 권리는 등한시됐고, 낡은 사상과 체제가 새로운 질문과 이상을 가진 젊은 세대를 포용하지 못하고 있었다. 프랑스 전역에 홍역처럼 퍼진 혁명은 드골이 총선에서 압

승하고 30년 동안 보수 정권이 집권하며 '미완의 혁명'으로 남았지만, 문화적으로는 프랑스 사회를 근본적으로 변화시켰다. 사회 여러 분야에서 억압을 걷어 내고 민주주의를 확장하는 토대가 됐다.

프랑스의 68혁명은 한국에 주는 교훈이 크다. 한국은 경제 성장을 중시하며 사회 문화의 진전에는 소홀했다. 한국 전쟁 이후 50년 만에 세계 11대 경제 대국이 된 나라이지만, 빠른 성장을 위해 많은 부분에서 국민의 권리를 억압했다. 개인의 자유보다 국가의 발전이 더 중요한 가치라고 교육했고, 목표를 이루기 위해서라면 어떤 요구에도 따라야 한다는 권위주의가 사회 전반에 팽배했다. 이런 이유로 시민들의 가치관은 물질적인 부분만큼 성장하지 못한 것이 사실이다.

지금 한국은 어느 때보다 과거 세대와 젊은 세대의 인식 차이가 크다. 젊은이들은 나이 많은 이들을 '꼰대'라고 부른다. 꼰대란 자기의 삶을 기준으로 다음 세대를 재단해 버리는 사람이다. 자신과 함께 젊은 시절을 보낸 이들과만 대화하면서, 지금 시대가 어떤지를 공부하지 않는 이들이 꼰대가 된다. 유교 문화의 영향으로 인해 젊은 사람이 자신의 의견을 피력하는 것도 쉽지 않다. 서른이 넘으면 결혼 시장에서 뒤처진다거나, 특정 나이가 되면 얼마짜리 차를 몰고, 몇 평짜리 집에는 살아야 한다는 기성세대의 생각이 젊은이들의 사고방식을 제한한다.

이런 환경에서는 서로가 성인 대 성인으로 대화를 나누기 어렵다. 한국에서는 나이에 따라서, 직급에 따라서, 맡은 역할에 따라서 그에 맞는 방식으로 행동할 것을 요구한다. 앞서 말한 웹툰 〈며느라기〉에서는 사춘기나 갱년기처럼 며느리에게도 '며느라기'라는 시기가 있다고 말한다. 시댁 식구에게 인정받기 위해 자신답지 않은 행동을 하거나 무리한 요구에 응하게 되는 시기라는 것이다. 개인의 권리보다 의무를 강조하는 이런 문화가 프랑스에 있었다면 팍스와 같은 제도가 있다고 해서 평등한 결혼 생활을 유지할 수 있었을까. 결국 제도의 형태보다 중요한 것은 그 제도를 완성하는 사람들의 태도다.

인류가 나아갈 방향은 낡은 체제와 권위에 얽매이지 않고, 서로가 서로를 이해하고 보듬으며 더 나은 미래를 약속하는 것이라고 생각한다. 지금까지 겪어 보지 못한 속도로 사회가 변하고 있는 지금은 세대 간의 소통이 더 중요하다. 기성세대는 그들의 지혜를 미래 세대에게 전해 주고, 젊은 세대는 이들에게 바뀌어 가는 세상의 모습을 알려 줄 책임과 의무가 있다. 거창한 이야기라고 생각할지도 모르겠다. 하지만 프랑스 가정에서는 매일 이런 일이 일어나고 있다. 기나긴 저녁 식사 동안 나누는 오랜 대화로 자기만이 옳다고 생각하는 자만과 고집에서 벗어나고, 기성세대와 젊은 세대가 서로의 마음을 이해하고 있다.

누구도 혼자가 아닌 나라

폴린느가 임신을 했다. 시부모님의 최대 관심사는 동거 중인
폴린느 커플이 결혼을 할 것이냐, 아니냐가 아니라 아이를 어
떻게 키울 것이냐다. 결혼 여부에 대해서는 간섭하지 않는다.
시부모님은 그동안 교회가 사람들을 모으기 위해 결혼을 장
려했던 것이지, 결혼 자체가 꼭 필요했던 건 아니라고 말씀하
신다. 오랜 세월을 살아 보니 결혼이라는 제도만이 아이들이
행복하게 자랄 수 있는 조건은 아니라는 걸 알았다면서 말이
다. 시부모님은 "왜 결혼이 필요한지"를 묻는 내 질문에 너무
나 쿨하게 "파티를 하려고 그러는 거지"라고 하셨다. 결혼만
큼 많은 사람들과 즐거운 시간을 보낼 수 있는 이벤트가 없
다는 것이다. 두 분의 말씀을 듣고, 아이를 낳아서 잘 기를 수
있는 사회적 토대가 갖춰져 있으면, 오히려 결혼은 하루쯤 즐
거운 시간을 보내기 위한 이벤트에 불과한 것이 되겠다는 생
각이 들었다.

　　토마스Thomas와 실비Sylvie는 오래 전부터 팍스를 맺고 살
다 수년 전에 아이를 낳으며 결혼식을 올렸다. 당시 우리 커플
도 결혼식에 참석해 두 사람이 오랜 사랑 끝에 결혼이란 결실
을 맺는 것을 축하했다. 그러나 결혼 후 얼마 지나지 않아 만

난 토마스는 결혼 생활이 뜻대로 되지 않아 이혼을 했다는 소식을 전했다. 그렇게 오랜 시간을 함께 보낸 이들이 헤어졌다는 사실은 꽤 충격적이었다. 그런데 더 놀라운 건 두 사람이 최근에 재결합을 했다는 사실이다. 둘은 오래전처럼 사귀는 사이가 됐지만 다시 결혼을 하지는 않을 것이라고 한다. 두 사람 사이에 어떤 일이 있었는지는 몰라도 결혼이라는 제도가 두 사람의 사랑을 지켜 주지는 못했던 것 같다.

프랑스에서 결혼식은 하루 종일을 바쳐야 하는 행사다. 결혼할 커플은 가장 먼저 시청에 간다. 결혼 6주 전에 시청에 필요한 서류를 내면, 시장이 주례를 서서 20분 안에 결혼식을 마친다. 이후에는 자리를 옮겨 종교에 따라 다른 의식을 진행한다. 가톨릭 교인은 성당에서 신부의 축복을 받고, 무슬림은 모스크에서 이맘(imam, 이슬람 교단의 지도자)의 기도를 듣는 식이다.

이 자리가 끝나면 또 장소를 옮겨 식사를 하고 와인을 마시며 늦게까지 파티를 벌인다. 그러니 이 모든 절차를 진행하기 위해서는 1년 전부터 엄청난 시간을 들여야 하고, 치러야 하는 비용도 만만치 않다. 결혼식 장소를 정하고, 드레스와 웨딩 케이크를 고르고, 초대할 손님의 리스트를 정리한 후에 참석 여부를 답변받아 게스트 자리를 정하는 등 해야 할 일이 산더미처럼 쌓인다. 그래서 요즘 커플에게 결혼은 계획만으로도 피곤한 일이 되고 있다.

이제 프랑스의 젊은 세대들은 결혼식을 올리는 것을 거추장스러운 이벤트로 생각하고, 그보다는 동거를 하면서 아이를 기르는 과정에 더 많은 노력과 정성을 기울인다. 임신을 한 폴린느에게 결혼에 대해 물었다.

"내 주변에도 결혼을 하지 않고 아이를 낳는 일은 상상할 수도 없다는 사람들이 있어. 하지만 대부분은 결혼에 5만 유로를 쓰느니 아이 통장에 그 돈을 넣는 게 더 현실적이라고 생각하지."

폴린느는 법적으로 성인이 되고 나서도 사람의 가치관은 변할 수 있고, 이에 따라 잘 맞는다고 생각했던 커플이 헤어질 수도 있는 것이니 결혼을 서두르지는 않겠다는 의견을 밝혔다.

오히려 폴린느는 아이를 기르다 보면 재산 상속 등의 법적인 문제로 인해 결혼을 고민할 수는 있겠다고 말했다. 결혼이 아이를 낳기 위한 전제 조건이 되지는 않는다는 것이다. 폴린느는 지금 더 중요한 것은 아이에게 얼마나 정성을 쏟을 수 있는지에 대한 약속이라고 말했다. 두 사람이 아이에게 충분한 에너지와 노력을 쏟을 수 있다는 마음가짐과 실천이 서로에 대한 맹세와 다르지 않다고 했다.

한국은 결혼을 해야만 진정한 파트너가 됐다고 생각하고, 결혼을 하고 나면 상대방의 인생을 좌우할 수 있는 권리를 가지는 것으로 여기는 것 같다. 이와 반대로 프랑스에서는 상대방의 삶을 속박할수록 서로 멀어지기 쉽다고 생각한다.

폴린느의 사례처럼 프랑스에서는 동거를 하면서 결혼을 하지 않고 아이를 낳는 것이 눈치를 봐야 할 행동이 아니다. 2017년 프랑스 전체 출생아 중 결혼 이외의 관계, 즉 팍스를 맺거나 동거 중인 커플 사이에서 태어나는 아이의 비율이 59퍼센트였다고 한다. 10명이 태어나면 법률상 부부 관계가 아닌 남녀 사이에서 태어나는 아이가 6명에 달한다는 의미다.

이것이 가능한 이유는 결혼하지 않은 부모 사이의 아이를 차별하지 않는 각종 사회 보장 제도가 있기 때문이다. 팍스를 맺은 커플의 숫자가 결혼한 커플의 숫자와 동등한 수준으로 늘어나면서, 프랑스는 2006년 혼외 관계에서 태어난 아이가 어떤 경우에도 신분상 차별을 받지 않도록 가족관계법을 개정했다. 프랑스 국립인구학연구소INED는 한국 언론과의 인터뷰에서 "프랑스의 출산율이 높은 이유는 아이를 마음 편하게 낳을 수 있는 사회적 환경을 만들었기 때문"이라며 "정부가 젊은이들의 불안을 잠재워 줘야 결혼과 출산을 마음먹는다"고 했다.[1]

프랑스에서 임신을 하면 병원에서 진단서를 받고 정부에 가족 수당을 청구하게 된다. 서류의 대부분은 아이 엄마에 대한 정보를 쓰는 칸이다. 엄마가 직접 수당을 받지 않는 경우에는 누가 수당을 받는지에 대해서만 적으면 된다. 결혼을 했는지 아닌지, 아이의 아빠는 누구인지에 대해 쓰는 칸은 없다. 프랑스의 출산 정책에서 가장 중요한 부분은 국가가 태어날 아이를 기르기 위해 필요한 도움을 제공하는 것이다. 프랑스에서는 임신 6개월 이후부터 산부인과 진료비를 포함해, 아이를 낳을 때까지 병원에 치러야 하는 비용을 국가에서 부담한다. 아이를 낳으면 정부에서 보조금으로 1000유로가량을 받을 수 있다. 자녀가 많을수록, 가정 소득이 낮을수록 매달 받는 수당은 늘어난다.

프랑스에서 아이가 생기면 아이의 아빠는 같이 살든 떨어져 살든 책임을 져야 한다. 아이 아빠가 양육비를 지급하지 않는 경우 나라에서 차압해 엄마에게 지급한다. 한부모 가정의 경우에는 정부 보조금을 더 많이 받을 수 있다. 프랑스에는 비혼모와 비혼부, 배우자와 이별하고 혼자서 아이를 키우는 사람들이 정말 많다. 복지 정책이 잘 갖춰진 이 나라에서도 혼자서 아이를 돌보는 것은 분명히 어려운 일일 것이다. 하지만 적어도 혼자서 아이를 키우는 사람에 대한 부정적인 시선은 거의 없다.

커플이 헤어진 경우에도 아이들은 돌아가며 돌보는 것이 일반적이다. 아빠 집에서 시간을 보내고, 그다음 주에는 엄마와 함께 사는 식이다. 전 배우자의 아이에 대해서도 관대한 태도를 취한다. 내 친구 샤를Charles에게는 전 파트너와의 사이에서 태어난 딸 마틸다Mathilda와 아들 조슈아Joshua가 있다. 샤를과 동거에 들어간 파트너 베르지니Virginie에게도 딸이 하나 있다. 두 사람은 아이들이 집에 있을 때는 부모로서 최선을 다하고, 아이들이 각자의 전 파트너에게 돌아가고 나면 두 사람만의 데이트를 하거나 친구들과의 저녁 식사, 파티 등으로 시간을 보낸다. 샤를은 "격주로 아이를 보는 것이 안정적인 마음과 생활의 밸런스를 유지하는 데 도움을 준다"고 말한다.

프랑스에서 배가 다른 아이를 데리고 사는 부부의 케이스는 너무나 흔해서, 사실은 30~40대 여성이 새롭게 연인을 만날 때는 대부분 아이가 있다고 해도 과언이 아니다. 아이들은 부모의 새로운 파트너와 사이좋게 지내는 편이다. 어려서부터 다양한 가족 관계를 보면서 자라기 때문에 성인이 된 후에도 이에 대해 부정적인 시선을 갖지 않는 경우가 많다.

폴린느도 어렸을 때는 친구의 부모가 결혼을 하지 않은 경우 특이하다는 생각을 했다고 한다. 프랑스에서는 결혼을 하면 여자가 남편 성으로 바꾸는 것이 일반적이라, 친구들의 성과 엄마의 성이 다르면 의아할 때도 있었다는 것이다. 하지만 주변에서 이런 친구를 자연스럽게 만날 수 있다면 당연히 사고방식이 바뀔 수밖에 없다. 한국도 요즘은 전처럼 이혼을 부정적으로 보지 않는다고 한다. 아마 지금 어린아이들이 부모가 될 때쯤이면, 검은 머리가 파뿌리가 되도록 한 사람과 사는 것이 모범적이라고 생각했던 기성세대와는 분명 다른 방식의 결혼 문화가 등장할 것이다.

친구의 어머니 쟌느 도Jeanne-Do 씨는 사회복지 활동센터 Centre des Actions Socials에서 일한다. 그는 내게 프랑스에서도 한부모 가정으로 사는 것은 쉽지 않은 일이라고 했다. 쟌느 도 씨의 역할은 사람들의 이야기를 들어주고, 사정에 따라 도움을 받을 수 있는 재정적 지원 보조 기관, 조합과 비영리 단체, 법률 단체, 법률가 등을 알려 주는 것이다. 그는 프랑스에는 무료로 법률 상담을 받을 수 있는 곳이 많고, 양육비를 줘야 하는 상대방이 2개월 이상 양육비를 부담하지 않을 경우, 경찰서 등에 알릴 수 있다는 점을 강조했다. 법적으로 소송을 걸고 집행관을 통해 돈을 받을 수도 있다. 이 모든 것들이 결코 쉬운 절차는 아니다. 많은 시간과 노력이 필요하다. 그러나 이런 제도의 도움을 받을 수 있는 점, 힘든 상황에 처한 사람들이 필요한 도움을 받을 수 있는 장소가 마련되어 있다는 점이 중요하다.

더 강조하고 싶은 것은 여성을 출산의 당사자로 존중하는 프랑스 사회의 태도다. 한국 정부가 출산율을 높이고자 한다면 여성들이 아이를 낳고 싶어 하지 않는 이유를 살펴야 할 것이다. 주택, 직장, 복지, 여성 평등 등의 조건이 제대로 마련돼 있지 않고, 아이를 키우는 데에 너무나도 많은 비용이 들어

가며, 아이를 가지기 위해 통과해야 할 장벽이 적지 않다. 우선 결혼을 하고 가정을 꾸려야 한다. 결혼을 한다는 것은 서로의 집안을 책임지는 일이다. 이런 것을 모두 감당하고 아이를 낳는다 해도 경력 단절과 독박 육아라는 과제가 남아 있다. 프랑스는 현재 선진국 사이에서도, 유럽에서도 상대적으로 높은 출산율을 자랑한다. 아이와 부모에 대한 배려가 충분히 갖춰져 있기 때문이다.

패션 디자이너인 카트린느Catherine의 경우를 보자. 그녀는 아이를 임신했을 당시에 정규직으로 일을 하고 있었다. 예상치 못한 임신을 회사에 알리지도 못하고 일을 하게 됐다. 회사에서는 임신 사실을 알리지 않았던 그녀를 해고했고, 엎친데 덮친 격으로 남자 친구도 그녀를 떠났다. 카트린느는 너무나 놀라고 답답한 마음에 시청에 찾아가 자초지종을 설명했다. 시청에서는 두 가지 방법으로 그녀를 도왔다. 가장 먼저 남자 친구에게 양육비를 받을 수 있도록 소송 준비를 도울 기관과 변호사를 소개했다. 다음으로는 아이의 출생과 함께 받은 900유로로 더해, 양육비를 받을 때까지 매달 600유로를 지급했다.

다행히 법적 절차는 순조롭게 진행돼 수개월 후에는 전남자 친구에게 양육비를 받을 수 있었다. 아이가 태어난 후에는 그녀의 수입에 따라서 탁아소 비용을 지원받았는데, 혼자서 아이를 돌보는 상황이라 거의 무료로 아이를 맡길 수 있었다. 그는 점차 자기 삶을 찾고, 다시 일을 시작할 수 있었다. 이런 과거를 뒤로하고 그의 아이는 벌써 아홉 살이 됐다. 카트린느는 당시 정부의 경제적인 도움도 컸지만, 모든 것이 힘들고 두려울 때 시청 직원과 가족 수당을 담당하는 부서의 직원들에게 많은 위로와 정신적 도움을 받았다고 했다. 무슨 일이 있어도 혼자는 아니라는, 누군가는 자신을 도와줄 것이라는 믿음과 희망을 봤다고 말한다.

프랑스 여성들은 출산 후 경력 단절 문제에서도 자유로운 편이다. 프랑스의 부모는 아이를 일찌감치 탁아소나 유치원에 맡긴다. 만 3세가 되면 아이들의 98퍼센트가 정부 지원 유치원에 다닐 정도다. 아이들을 지자체와 정부가 돌봐 주니 엄마는 빠르게 직장으로 복귀할 수 있고, 일을 하지 않더라도 자신을 위해 시간을 투자할 수 있다.

물론 어떤 엄마는 가정에서 아이를 기르는 데 집중하고 싶어 하고, 어린 아이와 떨어져 지내야 한다는 사실을 슬퍼한다. 하지만 엄마와 유아기를 보내는 것보다 사회생활을 경험하는 것이 아이에게 좋은 영향을 준다는 게 프랑스인의 일반적인 생각이다. 집 밖에도 다른 세상이 있다는 것을 일찌감치 배우고, 집이 아닌 공간에는 그곳만의 규칙이 있다는 사실을 배워야 한다는 것이다. 하루에 서너 시간만 맡기고 시간제 일자리를 찾는 경우도 많다. 탁아소와 스케줄을 논의해 필요한 시간만큼만 맡기면 된다. 프랑스에서 만난 한국인 언니는 24개월이 되도록 아이를 집에서 데리고 있었다. 아이는 엄마가 키워야 한다는 한국의 사고방식을 가진 분이었다. 그러나 정작 아들은 엄마와 집에만 있는 것이 답답했던 모양이다. 최근 처음으로 탁아소에 두 시간을 있다 오더니, 집에 가기 싫다고 울음을 터뜨렸다고 했다.

프랑스에서는 배변 학습도 탁아소에서 시작한다. 사실 엄마가 아이의 모든 발달 상황을 책임지고, 엄마만이 아이를 건강하게 기를 수 있다는 생각도 잘못된 것이다. 아이를 더 많이 돌본 경험이 있고, 국가 공인 자격증이 있는 전문가들이 아이의 발달 과정에 맞는 교육을 제공할 수 있다. 이들의 도움을 받아 아이들이 더 좋은 자극을 얻는다면 교육에도 충분한 도움이 된다.

사실 가장 놀라운 점은 따로 있다. 이제는 적응이 되어서 괜찮지만, 프랑스에 처음 왔을 때는 임신을 하고도 담배를 피우는 여성들을 보고 입이 떡 벌어졌다. 프랑스 병원의 의사들은 산모가 억지로 담배를 끊어서 받는 스트레스가 아이에게 더 해로우니, 하루에 다섯 개비 이하로 피우며 마음을 편안히 가져야 한다고 권한다. 다만 술은 아이의 뇌 발육에 좋지 않기 때문에 자제해야 한다는 것이 의사들의 설명이다. 집에서 편안히 태교를 해야 한다는 식의 임신부에 대한 요구도 많지 않다. 친구들의 생일 파티가 열리면 임신부들이 배가 잔뜩 부른 모습으로 늦게까지 놀고 있는 것을 발견할 수 있다. 당사자가 힘들어서 집으로 가는 것이 아니라면, 이런 자리에서 친구들과 함께 노는 것이 당연하고 오히려 정신적으로 더 좋은 영향을 준다고 생각한다.

결혼 아닌 대안이 필요하다

팍스를 맺은 커플은 남편, 아내란 호칭을 잘 쓰지 않는다. 서로를 파트너라고 부른다. 실제 생활은 결혼을 한 부부와 별로 다른 점이 없다. 차이가 있다면 팍스를 맺은 커플은 행정적으로 미혼 상태라는 사실이지만, 실제 관계에서 중요한 의미를 지니지는 않는다. 그러나 법이 보장하는 권리의 영역으로 들어오면 결혼을 한 부부와 팍스를 맺은 커플 사이에는 차이가 있다.

프랑스의 가족법에 따르면 결혼을 하면서 계약서를 써야 한다. 재산권, 양육권, 두 사람이 헤어질 경우를 대비한 내용을 명시해 공증을 받는다. 만약 이를 쓰지 않을 경우, 유산을 제외한 모든 재산은 자연스럽게 공동 명의가 된다. 그러나 팍스를 맺은 커플의 경우 둘의 재산을 공동으로 한다고 명시하지 않으면 서로의 재산은 각자에게 속한다.

건강 보험 부담금은 결혼한 부부와 팍스를 맺은 커플 모두 동등한 수준이다. 그러나 국민 연금은 다르다. 결혼한 부부는 배우자 사망 시 고인의 연금을 받을 수 있지만, 팍스를 맺은 커플의 경우에는 불가능하다. 소득세와 부유세에서도 차이가 있는데, 세금 혜택을 노리고 위장 계약을 맺는 경우에 대비해 소득세와 부유세는 팍스를 맺고 2년이 지나야 결혼한 부부와 동일한 수준으로 공제 혜택을 받을 수 있다.

가장 많은 차이가 나는 부분은 상속이다. 결혼한 커플은 고인의 유언이 없어도 재산이 배우자에게 자동 상속된다. 아이가 있다면 전 재산에 대해 용익권을 가진다. 용익권은 재산을 처분하지는 못하지만 재산을 이용해 수익을 얻을 수 있는 권리다. 재산의 4분의 1에 대해서는 완전히 소유권을 갖는다. 고인의 부모나 자식이 없을 경우에도 배우자가 재산 전체를 받는다. 고인의 배우자는 가족 명의로 된 주택을 사용할 수 있고, 고인이 사전에 유언을 통해 배우자에게 더 많은 권리를 보장했다면 그 내용에 따라 유산을 받게 된다. 배우자에게 불리한 유언을 했어도 최소한 4분의 1은 받을 수 있다.

그러나 팍스를 맺은 커플의 경우 유언장을 별도로 만들지 않으면 자동 상속이 되지 않는다. 공동 재산은 꼭 미리 명시를 해야 한다. 하지만 팍스를 주로 맺는 젊은 커플의 경우 상속 문제를 따질 만큼의 재산이 없는 경우가 대부분이기 때문에 이 부분에 큰 관심이 없다.

파트너와 유언장을 작성하고 왔다는 친구의 소개로 커

플 사이의 계약을 담당하는 공증인을 만났다. 그는 나에게 법률가의 관점에서 팍스를 맺은 커플이 결혼한 부부에 비해 보호를 덜 받는다는 점은 분명하다고 했다. 유언장을 쓰더라도 양쪽의 합의 없이 내용을 수정할 수 있다는 문제도 지적했다. 전날 커플이 함께 와서 유언장을 쓰고 간 뒤, 다음 날 커플 중에 한 사람이 와서 유언장 내용을 바꿔도 법적인 문제가 없다는 것이다. 그의 말처럼 팍스가 모든 면에서 완벽한 제도라고는 말할 수 없다. 팍스를 맺고 사는 모범적인 커플이 있는 반면, 당연히 그렇지 않은 경우도 있다. 하지만 적어도 결혼 이외의 대안은 있어야 한다고 생각한다. 결혼이라는 일생일대의 선택을 현명하게 결정하기 위해서는 서로가 함께 살며 상대방을 파악할 수 있는 시간이 필요하다.

한국 사회는 결혼에 대한 기대와 환상은 크지만, 결혼 생활을 지속시키기 위해 필요한 노력에 대해서는 무관심한 편이다. 결혼의 본질은 서로의 다름을 인정하고 이 차이를 노력으로 극복해 나가는 것이다. 이렇게 다양한 개인이 존재할 수 있다는 생각으로부터 다양한 가족 형태를 존중하는 문화도 만들어진다. 팍스는 각자의 방식으로 살기로 한 시민들의 선택을 국가가 법으로 보장한다는 점에서 무엇이 진정한 시민의 권리인지를 질문하게 한다.

누구나 가족이 될 수 있다

미국에서 대학교에 다닐 때 가장 친하게 지냈던 친구 벤Ben은 게이였다. 성에 대한 발칙한 이야기도 서슴없이 털어놓을 수 있는 '베스트 프렌드'였다. 어쩌다 보니 레즈비언 친구들도 많았다. 최근에 SNS 계정을 방문했더니 성전환 수술을 받고 남성이 된 친구도 있다. 예술계와 패션계에서 일했기 때문에 사회생활을 시작하고도 성 정체성을 거침없이 드러내는 친구들을 많이 만날 수 있었다. 솔직히 말해 게이 친구들은 회사에서 좋은 자리를 꿰차고 있을 정도로 능력이 좋았고, 패션 감각도 남달랐다. 괜찮은 남자를 발견해도 알고 보면 게이인 경우가 너무나 많았다. 내 친구들은 남자에게 말을 걸기 전에는 꼭 게이인지 아닌지를 추측했다. 그만큼 게이가 많았고 쉽게 만날 수 있었다는 이야기다.

내 주변 사람들의 15퍼센트 정도는 성 소수자다. 그러니 이들의 성적 지향이나 성 정체성은 나에게 특별한 기준이 되지 않는다. 이들이 게이나 레즈비언이라는 사실, 바이 섹슈얼이나 트랜스젠더라는 사실은 대화를 나눌 때 아무런 영향을 미치지 않는다. 내가 만난 수많은 사람 중의 한 명일 뿐인데 나와 같은 권리를 누리지 못하고 있다는 사실, 특히 동성 결혼이 합법화되지 않은 나라가 많다는 사실이 안타까울 뿐이다.

오랜 투쟁 끝에 프랑스는 2013년 동성 결혼을 인정했다. 그러나 여전히 동성 결혼을 합법화한 나라는 전 세계에서 23개국에 불과하다. 한국도 동성 결혼을 허용하지 않는 나라다. 그리스 시대에 남성과 남성이 사랑을 나누는 경우가 많았다는 사실은 잘 알려져 있다. 성 소수자는 과거부터 지금까지 존재하고 있는 여러 가지 정체성 중 하나다. 한국에도 오래전부터 성 소수자가 있었다. 1970~80년대 명동에서 의상실을 운영했던 이모는 당시 명동 일대에 게이가 굉장히 많았다는 이야기를 해준 적이 있다.

대부분의 한국 사람에게 성 소수자는 생소하다. 동성애를 잘못된 것으로 여기는 경우도 많다. 그러나 지금은 당연한 상식으로 여겨지는 여성의 참정권도 기껏해야 100년 전에 허용됐다는 사실을 떠올리면, 동성 결혼도 얼마의 시간이 흐른 뒤에는 당연한 일이 될 것으로 생각한다.

프랑스가 동성 결혼을 인정한 것은 2013년의 일이지만, 이전에도 동성 커플을 위한 대안적인 결혼 제도가 있었다. 바로 팍스다. 팍스 제도는 처음에는 동성 커플을 위해 만들어졌다. 1990년대 성 소수자들은 안정적인 연애를 추구하며 동성 커플도 이성 커플과 동등한 권리를 누려야 한다는 운동을 전개하기 시작했다. 이들의 주장을 당시 진보 좌파 세력이 정치 이슈로 수용하면서, 성 소수자의 가족 구성권에 대한 논의가 프랑스 사회의 이슈로 떠올랐다. 동성 커플의 결혼과 가족에

프랑스는 2013년 마침내 동성 결혼을 합법화했다. 한국에도 동성 커플이 배우자 권리를 인정받을 수 있는 날이 오기를 기대한다.

관한 논의에서 특히 쟁점이 된 부분은 입양이었다. 동성 커플이 아이를 입양할 수 있느냐, 없느냐의 문제다. 가족은 아빠와 엄마, 아이로 구성돼야 한다는 기존의 인식을 깨고 엄마 둘에 아이, 아빠 둘에 아이 등으로 가족의 모델이 바뀌어도 되는가를 두고 프랑스 사회도 진통을 겪었다. 그래서 결혼한 커플과 같은 수준의 사회 보장 제도를 제공하면서도 입양 허용 문제는 시간을 두고 논의해야 한다는 합의를 하고 탄생한 제도가 팍스다.

하지만 팍스 제도는 이성 커플 사이에서도 빠르게 퍼졌다. 프랑스 사회도 68혁명이 일어나기 전까지는 여성에 대한 억압이 심한 사회였다. 시어머니 도미니크가 말했던 것처럼, 여성이 결혼하지 않은 상태에서 임신하거나 아이를 낳으면 죄를 지은 것처럼 취급받던 시대였다. 당시 젊은 세대는 기성세대의 편협한 성 관념에 반발했다. 68혁명의 도화선이 된 낭테르 대학의 시위도 여학생 기숙사에 남학생의 출입을 허용하라는 요구를 담고 있었다. 이후 프랑스의 젊은 세대는 결혼이라는 관습을 거부하고, 이성 커플이나 동성 커플, 결혼하지 않고 아이를 낳는 비혼 커플 등 다양한 형태의 가족을 만들어 살아가기 시작했다. 때문에 결혼하지 않고 함께 사는 커플 사이에서 태어난 아이의 비율이 급격하게 늘어났고, 68혁명 전까지 6퍼센트에 불과했던 혼외 출산이 1990년 말에는 40퍼센트까지 올라갔다. 팍스는 이렇게 태어난 아이들을 보호하기 위해 만들어진 제도이기도 했다. 동성 결혼이 합법화되고 나서도 팍스 제도가 남아 있는 이유다.

내 친구인 줄리앙은 2011년 당시 동거하던 남자 친구와 팍스를 맺었다. 하루는 파트너가 자전거를 타다가 자동차에 부딪히는 사고를 당했다. 다행히 사고가 크지 않아 심한 상처를 입지는 않았지만, 줄리앙은 파트너의 사고 소식을 듣고 인생의 모든 장면이 주마등처럼 스쳐 가는 경험을 했다고 한다. 동시에, 파트너가 크게 다친다고 해도 자신이 배우자가 아니라는 이유로 수술과 입원 절차에 필요한 보호자 동의를 해줄 방법이 없다는 두려움을 느꼈다고 했다. 그래서 두 사람은 팍스를 맺기로 했다. 결혼 의사가 있었지만 당시만 해도 동성 결혼이 합법화되리라고 예상하지 못했기 때문에 팍스를 택했다. 양가 부모와 친구들까지 70명 정도를 초대해 파티도 열었다. 이들은 "팍스의 절차가 간단하고 편리했기 때문에 마음의 부담이 적었다"고 했다.

동성 커플의 배우자 관계가 인정되지 않으면 아무리 오랜 시간을 함께 보냈다고 하더라도 서로에 대한 어떤 권리도 주장할 수 없다. 줄리앙의 사례처럼 갑작스럽게 파트너가 사고를 당했을 때 보호자의 역할을 해줄 수 없고, 한 사람이 죽으면 아무리 두 사람이 오랜 시간을 동거했다고 하더라도 자택 등에 대해 재산권을 주장할 수 없다. 왕래 없이 살았던 직계 가족이나 형제, 자매가 사랑하며 함께 살았던 파트너보다 더 많은 권리를 누리게 되는 경우도 있다.

한국에서는 동성 커플이 배우자 권리를 인정받을 수 없기 때문에 발생하는 문제들이 계속해서 지적되고 있다. 수십 년을 함께 산 파트너와 헤어져도 위자료나 재산 분할을 받을 수 없다. 결혼한 부부가 이혼하면 재산 분배에 국가의 기준이 개입하고, 이에 따라 경제력이 취약한 쪽이 어느 정도 보호를 받는다. 하지만 동성 커플의 경우에는 파트너가 사망한 후에, 사망한 이의 직계 가족이 두 사람이 살던 집에 들어와 있어도 아무런 권리를 주장할 수 없다. 오히려 이 집에 대해 재산권을 행사하려 할 경우에는 절도 등의 죄목으로 처벌받을 가능성까지 있다.

이는 비단 동성 커플뿐만 아니라 결혼을 하지 않은 이성 커플에게도 똑같이 적용될 수 있는 이야기다. 프랑스는 단순 동거 커플의 경우 각자 소득을 신고하며, 납세 의무도 각자의 소득에 따라 발생한다. 부채도 각자가 자신의 몫을 감당하지만, 팍스를 맺으면 공동 납세를 하면서 채무에 대해서 연대 책임을 진다. 서로에 대한 물질적 부양 의무가 발생하기 때문이다. 상속은 유언을 남겼을 경우 받을 수 있는데, 단순 동거 커플보다 낮은 세율이 적용된다. 커플이 임대차 주택에 거주하다

어느 한쪽이 사망하면 파트너에게 임차권이 승계되기도 한다.

2013년부터는 프랑스에서 동성 결혼이 합법화되면서 수많은 커플이 결혼했다. 이성 커플이 결혼을 하는 비율은 낮아지고 있지만, 동성 커플의 결혼률은 높아지고 있다. 2013년까지 금지됐던 권리를 되찾은 동성 커플들이 결혼을 통해 억눌려 왔던 갈등을 해소하는 경우가 많아서다. 사랑하는 파트너와 결혼하지 못했던 과거에서 해방되고 싶다는 열망으로 보인다. 하지만 동성 커플 중에도 여전히 동거나 팍스에 만족하는 이들이 있다. 중요한 것은 동성 커플이라는 이유로 권리를 박탈당하는 것은 옳지 않다는 사실이다.

프랑스 사회는 이제 동성 결혼의 인정을 넘어서 구체적인 가족계획에 관해 이야기하고 있다. 이 문제를 해결하는 과정 역시 많은 갈등이 예고되어 있다. 현재 제도적으로는 동성 부부에게도 입양권이 있지만 실질적으로는 불가능한 상황이다. 입양아가 외국에서 오는 경우가 많기 때문에, 입양을 중개하는 국가가 동성 커플에 대해 폐쇄적인 태도를 보이면 입양을 하기 어렵다.

동성 커플이 입양이 아닌 방법으로 부모가 되려고 한다면, 레즈비언 커플 중에 한 사람이 임신해서 아이를 낳고 두 엄마를 호적에 올려야 한다. 하지만 주변의 남성과 자연적으로 임신을 하는 것이 아닌 정자 은행을 통한 인공 수정은 프랑스에서 불법이다. 현재 이 방식으로 아이를 낳고자 하는 레즈비언 커플은 스페인 등 인공 수정이 합법인 나라로 나간다. 게이 커플의 경우에도 프랑스에서는 대리모 제도가 불법이기 때문에 미국 등에서 시술을 받는다. 법적으로 부모가 될 권리가 있다고 해도, 실제로는 시도할 방법에 제약이 있으니 동성 커플의 가족 문제에 있어서는 프랑스 사회도 위선적이라는 비판을 피하기 어렵다.

하지만 프랑스를 비롯한 유럽 사회가 동성 결혼을 넘어 가족 구성권에 관해 이야기하는 단계에 있는 데에 반해, 한국은 동성 결혼에 대한 논의도 쉽지 않은 실정이다. 프랑스에서도 동성 결혼이 합법화되기까지 수많은 반대를 이겨 내야 했다. 1999년 리오넬 조스팽 전 총리가 팍스 법안을 제출했을 때만 해도 반대 의견이 너무나 강했기 때문에 동성 결혼까지 논의를 이어 가지 못했다. 마침내 동성 결혼이 합법화된 2013년에도 가톨릭 교계를 중심으로 엄청난 반대가 있었다. 2013년 프랑스에는 전국적으로 동성 결혼에 반대하는 대규모 시위가 벌어지기도 했다. 모두를 위한 시위La Manif pour tous라는 이름의 가톨릭 조직은 아빠와 엄마, 두 아이가 그려진 깃발을 들고 동성 결혼에 반대했다. 하나님이 인정하는 전통적인 가족상을 거스를 수 없다는 것이었다.

모든 가족이 성 소수자 자녀에 대해 개방적인 분위기인

것도 아니다. 내 주변의 친구들은 사실 운이 좋은 편이다. 가족이나 친구에게 커밍아웃했고, 큰 갈등 없이 정체성을 인정받고 살아가고 있다. 하지만 프랑스 사회에도 자신의 정체성을 드러내지 못하는 이들이 많다. 어떤 친구는 6년을 사귀던 파트너와 헤어져야 했다. 파트너가 부모에게 게이라는 사실을 끝까지 밝히지 못했기 때문이다.

과거 많은 문화권에서 동성애는 박해의 대상이 아니었다. 19세기 중동의 여러 문헌이나 미술품에서는 동성애를 그린 작품들이 나타나고, 중국에서도 당나라 이전까지 동성애를 문제 삼지 않은 것으로 알려져 있다. 유럽 사회는 이제 오랜 기간 동성애를 박해했던 문화를 스스로 청산해 가려고 하고 있다. 동성 결혼을 합법화하기 이전에도 여러 유럽 국가는 프랑스의 팍스 제도와 같은 대안적인 결혼 제도를 만들어 나가고 있었다. 독일은 2001년부터 동성의 사회적 결합을 허용하는 파트너십 제도를 운용하고 있었고, 2010년부터는 결혼과 거의 같은 수준의 권리를 보장하는 제도로 발전시켰다. 이를 통해 동성 결혼 법제화도 무리 없이 진행될 수 있었다.

최근 한국에는 한국 남성과 결혼한 영국 남성이 결혼 이민을 신청했으나 거부당한 사례가 있었다고 한다. 영국에서 결혼 사실을 인정받은 부부임에도 불구하고 한국에서는 배우자 권리를 인정받지 못하는 아이러니가 나타나는 것이다.

프랑스의 곽스 제도는 가족의 형태가 변하고 있는 현실을 반영해 국가가 다양한 가족을 제도 안에서 보호하는 울타리를 만든 것이라는 점에서 의미가 있다. 한국 사회에도 젊은 층을 중심으로 비혼 동거 커플이나 다자 연애 등에 대한 논의가 있다고 들었다. 변화하는 시대에 맞추어 새로운 관계에 대한 논의가 필요하다. 이성 간의 결혼이라는 하나의 선택지에서 벗어나 개인의 선택을 최대한 존중할 수 있는 제도를 만드는 것이 국가의 역할이다.

　　최근 니스에 사는 정신과 의사 줄리아와 점심을 먹다가 재미있는 이야기를 들었다. 줄리아의 딸 안나는 결혼을 여자와 여자가 하는 것으로 알고 있다는 것이다. 줄리아는 파트너와 곽스를 맺었기 때문에 결혼식을 올리지 않았고, 안나가 처음 본 결혼식은 동성 커플의 결혼식이었다. 이처럼 프랑스의 아이들은 미혼모와 미혼부, 다문화 가정, 곽스를 맺은 커플과 동성 부부 등 다양한 형태의 가족이 있다는 사실을 교육받고, 주변에서 실제 사례를 보면서 자란다. 지금까지 나의 주변 사람들을 예로 들어 소개한 가족의 형태만 해도 무엇이 다수라고 말할 수 없을 만큼 다양했다. 줄리아의 딸 안나가 어른이 됐을 때, 프랑스 사회가 어떤 형태의 새로운 가족을 포용해 나가고 있을지 궁금하다. 프랑스 사회는 다양한 문화에 대한 이해와 공감으로 더 나은 미래를 그려 가고 있다.

다른 것, 새로운 것, 멋진 것

줄리앙은 한국 식당에서 여러 개의 반찬이 나오는 것을 무척 좋아한다. 김치를 포함해 모든 반찬을 싹 비워 내는 것은 물론이고 "집에서는 왜 반찬을 많이 주지 않느냐"고 타박하기도 한다. 하지만 줄리앙이 처음부터 한국 음식에 익숙했던 것은 아니다. 줄리앙과 함께 살고 난 후, 엄마가 김치를 통에 담아 보내 주었다. 나는 더할 나위 없이 행복한 마음으로 김치통을 냉장고에 넣었다가 줄리앙에게 한참 동안 시달렸다. 냉장고만 열면 김치 냄새가 진동하고, 버터와 치즈에서도 김치 맛이 난다는 거였다. "아침에 빵에다 버터를 바르면 김치 맛 토스트가 된다"는 그의 말이 우스워 견딜 수가 없었다.

그랬던 줄리앙이 이제 밥도 없이 김치를 맛보는 사람이 되었다. 매워서 침이 줄줄 흐르는데도 멈출 수가 없다며 말이다. 심지어 덜 익은 김치나 겉절이를 먹으면 "특유의 톡 쏘는 맛이 없다"며 싫어하는 경지에 이르렀다. 김치찌개는 프랑스에도 비슷한 요리가 있어 익숙한 모양이었다. 알자스 지방에서 유래한 슈크루트choucroute는 프랑스 배추를 잘게 썰어 소금에 절인 후, 커다란 냄비에 쏟아서 여러 부위의 돼지고기와 소시지를 넣고 끓인 요리다. 삶은 감자와 맥주를 곁들여 먹으면 맵지 않은 돼지고기 김치찌개 맛이 나서 한국인의 입맛에도 알맞다. 줄리앙은 시부모님이 파리에 오실 때 한국 음식을 해

드리자고 제안하기도 했다. 비빔밥을 드렸더니 도미니크와
이브는 무척이나 좋아하며 그릇을 싹 비웠다.

프랑스에서 만난 친구들과 가족들은 나를 통해 새로운
문화를 접하는 것을 기뻐했다. 특히 시부모님처럼 나이가 있
는 분들은 외국인 배우자가 있는 가정을 말할 때 '엑소티크
exotique'라는 표현을 주로 쓴다. 사전적으로는 '이국적인'이라
는 뜻을 가진 단어인데, 단순히 낯선 문화를 수식하는 말 이상
으로 긍정적인 뉘앙스를 내포하고 있다. 프랑스 잡지에서 '이
국적인 곳으로의 항해voyage exotique'나 '이국적인 곳으로의 휴
가vacance exotique' 등의 표현을 즐겨 쓰는 것을 보면, 새로운 자
극을 받을 수 있는 멋진 것을 표현할 때 사용하는 단어라고 말
할 수 있다. 시어머니 도미니크도 우리 커플에게 "너희가 아
이를 낳으면 엑소티크해서 얼마나 예쁠까"라고 기대를 표하
곤 하신다. 젊은 세대는 외국 문화에 더 개방적이다. 다양한
배경을 가진 사람들과 어울릴 수 있다는 사실을 '쿨한' 것이
라고 생각한다. 본인 또는 형제자매가 외국인과 사귀는 경우
도 심심치 않게 발견할 수 있다.

내가 사는 곳이 한국이었다면 우리 가족도 다문화 가정
으로 불렸을 것이다. 한국에 다문화 가정이라는 표현이 있다
는 이야기를 들었을 때 상당히 낯선 느낌을 받았다. 프랑스는
국제결혼이 오래전부터 있었던 곳이라 다양한 인종이나 국적

을 가진 사람들이 가정을 이루고 사는 모습이 어색하지 않다. 프랑스는 오래전부터 '유럽의 교차로'라 불리는 문화적 다양성의 나라였다. 중세 시대 프랑스는 비옥한 땅을 차지하려는 영주들로 인해 전쟁이 끊이지 않았고, 유동 인구도 많았다. 수백 년에 걸쳐 로마, 영국, 독일 등에 귀속되면서 다양한 민족이 프랑스에서 결혼하고 아이를 낳았다. 특히 제2차 세계 대전이 끝난 후에는 프랑스에 엄청난 이민 인파가 몰려왔다. 프랑스의 식민지였던 베트남에서 전쟁을 피해 온 사람들이 있었고, 이탈리아, 스페인, 동유럽 등에서 전쟁과 기근을 피해 온 이민자들이 있었다. 이런 역사를 거친 결과, 프랑스 인구의 약 12퍼센트는 외국에서 태어난 사람이다.

물론 프랑스 사회에 인종 차별이 없다고 말하면 거짓말이다. 영화에서 종종 프랑스인을 와인과 치즈에 자부심을 가진 고집불통으로 그리는데, 그만큼 프랑스 사회에 자부심이 큰 사람들이 많다는 의미일 것이다. 실제로도 아시아 출신이나 아랍계에 대한 편견이 있다. 이슬람 여성들이 히잡으로 얼굴을 가리고 다녀야 한다는 사실에 반감을 느끼는 경우가 많고, 국제 테러가 쟁점이 되면서 무슬림이 문제를 일으킬 것이라는 선입견이 자라나고 있다. 2015년 프랑스 주간지《샤를리 엡도Charlie Hebdo》에 무장 괴한이 침입해 총기를 난사한 사건이나 바타클랑Bataclan 극장에서 벌어진 인질극으로 무슬림

사회에 대한 프랑스 시민들의 반감은 더 심해지는 형국이다.

알제리, 모로코, 튀니지 등 프랑스의 옛 식민지 출신 이민자와 이들 자녀에 대한 차별은 고질적인 문제로 꼽히며, 아시아 출신들에 대해서는 무시를 당해도 반발하지 않는 사람들이라고 생각하는 경향이 있다. 프랑스는 시리아 내전 이후 프랑스로 건너온 난민의 수용 문제에 대해서도 비교적 강경한 태도를 취한다. 프랑스를 통해 영국으로 가려는 난민들이 모여 사는 칼레Calais 해안의 판자촌을 철거하는 등 난민 캠프를 해체하고 이들을 프랑스 전역의 보호소에 수용하는 정책을 고수하고 있다. 난민의 수가 워낙 많기 때문에 이들 중 대부분은 파리에 뿌리를 내리지 못하고 어려운 생활을 이어 간다. 난민을 도와야 한다는 의견이 주류이기는 하지만 프랑스 시민이 낸 세금이 난민에게 쓰여서는 안 된다는 반대파의 의견도 강경해서 뜨거운 논쟁이 계속되고 있다.

하지만 교육 수준이 높고 다양한 문화가 공존하는 파리 사회는 대체로 이방인들에게 매우 개방적인 편이다. 마린 르펜Marine Le Pen이 이끄는 프랑스의 극우 정당 국민전선은 '프랑스 퍼스트'를 내세우며 무슬림과 아시아 문화에 노골적인 혐오를 표하기도 한다. 하지만 이들은 프랑스 사회에서 파시스트라는 평가를 받는다.

자유, 평등, 박애로 대표되는 공화국 정신은 프랑스 사회의 바탕을 이루는 정신이자 프랑스인들의 자부심이다. 공화국 정신에는 누구나 타인에게 해를 입히지 않는 선에서 모든 것을 행할 수 있으며, 모든 법은 만인에게 평등하게 적용되어야 하고, 인간은 사회와 공동체에 기여할 의무가 있다는 의미가 담겼다. 1789년의 프랑스 대혁명 이후, 프랑스의 제헌 의회는 자유롭고 평등한 권리를 지닌 개인들로 이뤄진 국가를 만들고자 했다. 이런 열망은 '인간과 시민의 권리 선언'에 잘 드러나 있다. 선언문 1조는 "사람들은 자유롭게 태어나며, 권리에서 평등하다. 사회적 차별은 공동의 유용성에 입각할 때만 가능하다"고 말한다.

지금까지 유지되는 공화국 정신은 다른 문화에 대한 관용을 뜻하는 톨레랑스tolérance와 어울려 프랑스 사회의 다양성을 지탱하고 있다. 톨레랑스는 타인의 행동이 내 생각과 어긋난다 할지라도 박해하지 않고 공존해야 한다는 의미를 담고있다. 프랑스 국경 안에 들어온 이민자라면 제도적으로 차별해서는 안 된다는 원칙이 공고하게 자리 잡고 있다. 차별 발언에 대한 처벌도 미국보다 강한 편이다. 미국에서는 차별 발언이 표현의 자유라는 명목으로 용인되는 경우가 있지만, 프랑스에서 이런 발언은 중대한 범죄로 간주한다. 프랑스는 1972년에 인종차별방지법을 제정했고, 2004년에는 출판자유법을 개정해 성별이나 성적 지향, 성 정체성 등을 이유로 차별을 받을 경우 소송을 제기할 수 있도록 하고 있다.

프랑스 사회는 출신 배경이나 성장 환경과 무관하게 동등한 교육을 받아야 한다는 것과 능력만 있다면 누구나 사회에 기여할 기회를 얻을 수 있다는 강한 믿음을 공유하고 있다. 나치즘의 역사를 겪었기 때문인지 인종을 따지는 일에도 민감한 태도를 보인다. 하지만 프랑스 사회의 현실이 이상에 미치지 못하는 것은 사실이다. 마크롱 대통령의 내각을 보면 소수 민족 출신이 9퍼센트 정도로 역대 정부에 비해 특별히 높지 않은 편이다. 프랑스 정치권이나 기업에서도 고위직에 백인 남성이 많다. 그럼에도 역대 정부 내각을 살펴보면 니콜라 사르코지Nicolas Sarkozy 대통령 내각에서 모로코계 여성 하시다 다티Rachida Dati가 사법부 장관을 지냈고, 올랑드 정부에서는 프렌치기니 출신의 여성 크리스티안 토비라Christiane Taubira가 법무부 장관을 지냈다.

파리에 오기 전에 미국에서 오랜 시간을 보낸 나의 경험에 비추어 보면, 미국은 인종의 용광로melting pot라 불리기엔 부족함이 많다. 다양한 문화와 인종이 섞여 있긴 해도, 이들이 서로 융합되거나 공존한다는 느낌을 받지는 못했다. 나에게 미국은 거대한 샐러드 그릇에 더 가까웠다. 여러 민족의 문화가 각각의 개성을 유지한 채로 미국 전역에 흩어져 있는 것이다. 서로 다른 문화가 어울려 새로운 무언가를 만들어 내는 쪽에 방점을 둔다면, 프랑스 사회가 더 개방적인 편이다.

프랑스에서 만난 친구들은 다양한 국적의 부모 아래서 자란 경우가 많았다. 유럽 국가 출신이라고 해도 네덜란드, 이 탈리아, 스웨덴, 핀란드 등으로 나뉘고 한국, 일본, 중국은 물론 세네갈, 레바논, 멕시코, 모로코 등 손으로 꼽기 어려울 정도로 출신 지역이 다양했다. 이들은 모두가 조금씩 다른 악센트로 불어를 구사한다. 프랑스인 부모 밑에서 자란 친구들은 이들의 말투를 놀리면서도 부러워하는 모습을 보인다.

까미유Camille라는 친구의 할머니는 60년 전에 영국 출신의 할아버지를 만났다. 나타샤Natacha는 일곱 살에 가족들을 따라 러시아에서 프랑스에 이민을 왔다. 나타샤는 자신을 프랑스 사람이라고 생각한다고 했다. 자신은 불어를 사용하고, 자유, 평등, 박애라는 프랑스의 공화국 정신과 교육의 중요성을 체감하며 자랐다는 이유 때문이다. 그는 내게 "남자 친구의 부모님도 외국인이 가족의 일부가 되는 일을 자랑스럽게 여기신다"고 했다. 프랑스에서 다문화는 풍요로움의 상징이다. 나타샤는 현재 교제하고 있는 남자 친구와 아이를 낳았다. 아직은 동거만 하고 있지만 앞으로 팍스를 맺는 것을 고려하고 있다. 양가의 부모님 중 어느 쪽도 이들의 관계를 문제 삼지 않고, 두 사람이 아이와 함께 잘 살아가는 것을 중요하게 생각한다고 했다.

이중 국적은 물론, 다중 국적을 가진 이들도 무척 많다. 조부모나 부모 세대가 다른 나라 출신이라면 프랑스에 살면서도 그 나라의 국적을 얻을 수 있다. 친구 올가Olga는 러시아에서 태어났고, 스위스에서 공부하며 스위스 국적을 취득했다. 아이를 낳았다는 소식을 듣고 그의 집에 갔더니, 18개월 된 아들 맥심Maxim이 가지고 있는 여권'들'을 보여 줬다. 올가의 파트너이자 맥심의 아버지는 멕시코계 미국인이다. 맥심은 러시아, 스위스, 미국, 멕시코 여권과 태어난 곳인 영국 여권을 모두 갖고 있었다. 나는 너무 놀라 그에게 "아들이 스파이가 되었으면 하느냐"고 농담했다. 오늘날 프랑스 가정에서 국적을 따지는 일이 얼마나 무의미한 것인지를 보여 주는 단적인 사례다.

프랑스는 너무나 다양한 국적, 인종, 종교를 가진 사람들이 어울려 사는 사회다. 그러니 내가 한국 출신이라고 해서 겪어야 했던 제도적인 차별도 없었다. 수년 전만 해도 아시아 출신이라고 하면 대부분 중국과 일본을 떠올리고 한국을 모르는 경우가 많아 당황스러웠지만, 한류 열풍의 영향으로 이마저도 옛말이 됐다. 우리 커플은 이제 아이를 낳을 계획을 세우고 있는데, 그래서인지 줄리앙은 아시아계 혼혈 아이들을 보면 넋을 잃고 만다. 친구의 집에 놀러 가면 아이들과 노느라 혼자서만 와인을 먹지 않고 방에 있을 때도 많다.

한국에 체류하는 외국인의 수가 220만 명을 넘었다고 한다. 이처럼 많은 외국 인구가 들어오는 것은 한국 사회가 지금까지 겪어 보지 못한 일이다. 그래서 다문화 정책의 대부분은 한국의 문화를 외국인에게 일방적으로 가르치는 형태에 그치고 있다. 외국인 배우자가 있는 가정에 대한 인식도 미흡한 실정이라고 한다. 물론 프랑스에서도 이민자를 둘러싼 논쟁은 끊이지 않는다. 서로 다른 문화의 사람들이 함께 어울려 사는 일은 쉽지 않은 과제인 것이 분명하다. 그러나 적어도 프랑스 국경 안에서 외국인이라는 이유로 제도적 차별을 받을 일은 없다.

평등, 존중, 공존의 가족 문화

줄리앙과 만난 지는 9년 정도, 팍스를 맺은 지는 4년이 되었다. 한국에서 절대 결혼을 하지 않겠다고 생각했던 나는 프랑스에서 줄리앙을 만나고, 그와 함께 살기 시작하면서 가족의 가치를 알았다. 사랑하는 사람과 함께 사는 것이 서로에게 엄청난 위안이 된다는 사실을 이해하게 됐다. 무엇보다 이런 생활을 위해서는 집안일을 분담하는 사소한 문제에서부터 서로의 차이를 이해하고 합의하는 과정이 중요하다는 사실을 배웠다. 상대에 대한 진심이 있다면 결합의 형태는 본질이 아니다. 단순 동거인지, 팍스를 맺은 커플인지, 결혼한 부부인지는 관계를 지속하는 데에 아무런 영향을 미치지 않는다. 그보다는 서로가 공존할 방법을 찾아가는 과정에서 가족이 된다는 것의 진짜 의미를 배운다.

한국에서는 결혼 계획이 없는 경우, 동거 사실을 주변에 알리는 커플이 거의 없다. 결혼을 전제하지 않은 동거를 부정적으로 보는 분위기 때문이다. 경솔하다거나 철이 없다는 식의 비난을 하는 사람들도 있다. 그러나 동거를 결정하는 커플들의 고민은 결코 가볍지 않다. 오히려 삶의 가치와 의미, 우선순위를 더 많이 고민해야만 동거를 결정할 수 있다. 동거는 서로의 진짜 모습을 알아 가는 좋은 방법이지만, 동시에 서로의 삶이 상대에게 침범당할 수 있다는 위험 부담도 있다. 이 부담을 견디겠다는 각오 없이는 함께 살 수 없다.

자신의 공간에 누군가를 들이는 것은 단순히 한 공간을 둘로 쪼개 쓰는 개념이 아니다. 그보다는 서로 다른 두 사람이 같은 공간에 공존하는 것에 가깝다. 줄리앙과 나도 오랜 시간 사귄 후에야 동거하기 시작했고, 일정 시간이 흐른 뒤에 팍스로 우리의 관계를 공식화했다. 팍스가 결혼에 비해 간소한 계약이라는 점은 분명하지만, 언제든 파기할 수 있는 가벼운 관계는 결코 아니다. 동거를 결정할 때와 마찬가지로 우리가 원하는 평등한 관계를 깊이 고민한 결과다.

무엇보다 팍스와 같은 새로운 형태의 가족이 의미를 가지려면, 모든 구성원이 평등하고 존중받는 가족 문화를 만드는 것이 중요하다. 프랑스에서 전업주부로 사는 여성은 전체 여성의 14퍼센트다. 반대로 직장 여성의 20퍼센트가 무직인 배우자와 살고 있다. 프랑스 커플이나 부부는 아이를 셋 이상 낳은 가정이 아니면 대부분 남녀 모두가 직장에 다니는 맞벌이 부부로 지낸다. 아이들이 어릴 때는 엄마가 2~3년 정도 일을 하지 않는 경우도 있다. 하지만 대부분의 여성이 직업을 가지기를 원하고 출산 휴가와 육아 휴직 제도를 활용하며 일한다.

출산 휴가는 여성이 출산 전후로 총 16주, 남성은 2주 가량을 쓸 수 있다. 여성의 80퍼센트, 남성의 70퍼센트가 출산 휴가를 사용한다. 그러나 육아 휴직을 하는 남성은 4퍼센트에 불과하다. 남성의 짧은 출산 휴가 기간과 육아 휴직 부담에 대한 문제가 지속적으로 제기되면서 유럽 연합은 남성의 출산 휴가를 여성과 같은 수준으로 조정하는 법안을 논의하고 있다. 프랑스에서는 남성의 출산 휴가를 6주로 늘리는 서명 운동이 벌어지고 있다.

그러나 육아 문제로 직장을 포기하는 여성은 거의 없다. 프랑스에서는 아이들이 어릴 때부터 보육원에 보내는 것을 자연스럽게 받아들인다. 아이가 단체 생활을 하면서 낯선 환경에 적응하고, 독립적인 개인으로 성장하는 것을 중요하게 여긴다. 아이의 모든 발달 과정에 엄마가 관여해야 한다고 생각하지 않는다. 한국처럼 엄마에게만 육아의 책임과 스트레스를 전가하지 않는 것이다.

아이를 낳은 커플은 유급 휴가 외에도 매달 이틀의 휴가를 더 사용할 수 있다. 주어진 휴가를 다 쓰더라도 아이들을 위해서 시간을 비워야 하면 회사와 원만히 협의할 수 있다. 내가 회사에 다닐 때도 많은 커플이 아이를 낳기 위해 육아 휴직을 사용했다. 아이 둘의 엄마가 되어서 일정 기간은 파트타임으로 일하는 직원들도 있었다. 회사 안에서 이들의 업무 방식에 부정적인 의견을 가진 사람은 없었다. 각자가 원하는 삶의 방식을 존중하고, 각자가 해결할 수 있는 수준의 업무를 배당해야 한다는 인식이 일반적이었다. 아이가 자라면 회사로 돌아와

전일제 근무를 하면 된다. 고심해서 뽑은 사람이 아이를 길러야 한다는 이유로 회사를 떠나는 일이 회사에는 더 큰 손해다.

결혼한 커플뿐만 아니라 팍스 커플도 동등한 혜택을 받을 수 있다. 오늘날 프랑스 사회에서 동거나 팍스 커플은 결혼으로 가는 예비 단계가 아니라 그 자체로 새로운 가족의 형태다. 프랑스 통계청은 단순 동거 커플과 팍스를 맺은 커플, 결혼한 부부를 분리해서 조사한다. 프랑스에서 육아 휴직은 결혼 여부와 무관하게 아이의 유무에 따라 사용하는 제도다. 현재는 신생아의 절반가량이 결혼하지 않은 부부 관계에서 태어나기 때문에, 결혼 여부를 따지는 것은 무용한 일이 됐다. 아이는 결혼하지 않은 관계에서도 태어날 수 있고, 아이들을 키우기 위해서는 정부와 기업, 가정이 협조해야 한다는 사회적 합의가 있다. 아울러 출산 전에 3개월 동안 200시간 이상을 일한 여성, 회사에서 1년 이상 일한 남성이 육아 휴직을 신청하면 회사는 거부할 수 없다. 육아 휴직을 쓰는 동안에는 회사가 아닌 정부에서 임금을 받는다. 출산 전에 일하면서 낸 세금을 돌려받는 셈이다.

신혼부부를 위한 휴가는 따로 없지만 37일의 유급 휴가를 알맞게 배분해 사용하면 된다. 프랑스 사람들은 대부분 주어진 휴가를 모두 쓴다. 내가 다닌 패션 회사는 8월이 되면 3주 정도 문을 닫았다. 대부분이 이 기간에 일주일가량의 휴가를 떠나고, 남은 2주는 크리스마스나 공휴일이 많이 끼어 있는 주간에 사용한다. 아이가 있든 없든, 결혼한 부부든 아니든, 팍스나 동거 여부와 무관하게 프랑스에서 합법적으로 일하는 사람이면 누구나 사용할 수 있다. 이렇게 하면 모두가 일을 게을리한다고 생각하겠지만, 실제로 그런 경우는 많지 않다. 사회에서 자신의 자리를 찾고 전문성을 키우는 일은 자아실현의 중요한 부분이다. 가정을 꾸리고 아이를 낳아서 기르는 것과 자신의 역량을 개발하는 것은 당연히 양립할 수 있어야 한다.

한국에서는 사실혼 관계에 있는 부부라 해도 같은 기간에 휴가를 쓰거나, 파트너가 출산 휴가를 사용할 권리가 인정되지 않는다. 공무원이라도 사실혼 관계의 배우자와 같은 지역 근무를 신청할 수 없다. 프랑스에서는 팍스를 맺은 커플이 공무원이라면 파트너와 가까운 지역에 우선 배치를 신청할 수 있다. 이것이 불가능하다면 현재 직장에서 근무를 중지하고 희망 지역에서 근무할 수 있을 때까지 대기할 수 있다.[2]

새로운 가족의 시대

대안적인 결혼 제도를 마련하고 있는 나라는 프랑스만이 아니다. 스웨덴의 삼보Sambo는 팍스보다 더 빠르게 정착된 동거 커플의 파트너십 제도다. 삼보 관계는 팍스보다 더 쉽게 인정받을 수 있다. 세무서에 파트너와 같은 주소를 등록하면, 일정 기간이 지나고 삼보 커플이 된다. 외국인의 경우에는 삼보 비자를 신청하면 파트너와 스웨덴에서 살아갈 수 있다. 결혼하지 않고 연애 중인 관계에도 비자를 준다. 삼보 비자를 받으려면 스웨덴의 배우자가 초청장을 써야 하고, 비자 신청 당사자는 자국에서 인터뷰를 진행한다. 한국에서 삼보 비자를 받았다는 블로그 후기[3]에 따르면 파트너의 이름과 생년월일, 파트너와 만난 계기나 파트너의 가족 관계, 그들의 직업 등을 묻는다고 한다. 스웨덴에는 언제 갈 예정인지, 서로 어떤 언어로 대화하는지 등 상당히 구체적이지만 일상적인 질문에 답변하면 된다.

삼보 관계는 상대방이 주소를 바꾸거나 재산 분할을 신청하는 경우 종료된다. 팍스처럼 서로의 재산이나 유산을 상속받을 권리가 없고, 아이가 있다면 결혼 여부와 무관하게 자녀 수당 등의 혜택을 받을 수 있다. 2016년 통계에 따르면 스웨덴의 동거 인구는 180만 명에 이른다고 한다. 스웨덴 전체 인구가 1000만 명이 되지 않는다는 점을 고려하면 매우 높은 수치다. 젊은 층에 한정해서 말하면 결혼한 커플보다 삼보 관계인 커플이 더 많다.

프랑스의 팍스나 스웨덴의 삼보에서 공통으로 나타나는 특징은 동거가 곧 결혼으로 이어지지 않아도 괜찮다는 사실이다. 이들 사회에서 팍스나 삼보와 같은 느슨한 계약 관계는 다양한 가족 형태 중의 하나일 뿐이다. 이런 문화는 어린 시절부터 경제적으로 독립할 수 있는 사회 보장 제도 덕분에 가능한 것이라는 생각도 든다. 스웨덴은 대학 학비가 무료인데다가, 18세가 되면 정부 대출을 받아서 사회생활을 시작할 때부터 천천히 갚아 나갈 수 있다. 한국은 국가에서 제공하는 혜택이 적기 때문에 성인이 되고도 부모의 경제력에 의존하는 경우가 많다. 결혼식을 올리거나 신혼집을 마련하는 과정에서 부모의 재력이 개입하고, 그 때문에 결혼 상대를 결정하고 결혼식을 치르는 전 과정에서 양쪽 집안의 영향을 많이 받을 수밖에 없다.

개인이 결혼 여부와 무관하게 독립해서 살아갈 수 있다면 결혼이라는 제도에 의존하지 않고도 관계를 이어 갈 수 있다. 동거한 커플이라도 아이를 기를 때 필요한 가족 수당이나 보육 시설을 이용할 수 있다면 더 많은 커플이 동거 상태에서도 아이를 낳을 것이다. 여성이 남성에 비해 적은 급여를 받거나 불안정한 노동 환경에 놓인다는 사실도 한국의 결혼 문화에 영향을 미치고 있다. 여성이 남성의 경제력에 의존하게 되면서 이혼을 결정하는 데 많은 제약이 따른다. 여성이 육아를 이유로 직장을 그만두면 의존도가 더 높아진다. 모든 성별이 활발히 경제 활동에 참여하는 것이 중요한 이유다. 프랑스에서도 팍스를 맺거나 동거하는 커플은 서로의 재산을 각자 관리한다. 건강 보험이나 세율 등에서 혜택을 보기는 하지만, 기본적으로 각자의 소득은 개별 관리해야 한다. 이처럼 한 사회의 물적 토대는 그 사회에서 살아가는 시민들의 사고방식과 구체적인 삶의 형태에까지 영향을 미치는 문제다.

네덜란드에도 결혼이 아닌 관계에서 배우자 권리를 인정받을 수 있는 제도가 있다. 네덜란드는 1998년 동반자 등록법National Registered Partnership을 만들었다. 결혼하지 않은 부부의 사실혼 관계를 인정해 주는 것인데, 결혼한 부부와 똑같은 수준의 법적 의무와 권리를 가진다. 팍스처럼 계약서를 작성하고 시청에 관련 서류를 제출하면 된다. 사실혼 관계보다 결합 정도가 더 낮은 동거 계약Cohabitation Agreement이라는 옵션도 있다. 함께 사는 동안 발생할 수 있는 문제들에 대비해 서로의 권리를 문서로 명시하는 정도의 개념이다. 동거 계약은 네덜란드에서 함께 살며, 재산을 함께 관리하고 싶은 커플에게 알맞은 제도다.

네덜란드는 2001년 세계에서 처음으로 동성 결혼을 합법화한 나라로, 동거를 포함한 다양한 가족 형태에 개방적이다. 네덜란드의 동거 제도 역시 외국인을 차별하지 않는다. 네덜란드 사람과 3년 이상 동거한 외국인에게는 시민권을 획득할 수 있는 자격도 주어진다. 유럽에서도 가톨릭교의 영향을 많이 받은 스페인이나 포르투갈, 이탈리아는 동거보다 결혼이라는 가족 형태를 중시한다. 하지만 이들 역시 동거 자체가 이미 하나의 가족 형태로 자리 잡고 있다는 사실은 부인하지 못한다. 동거도 한 사회의 구성원이 필요에 따라 선택한 삶의 모습이기 때문이다.[4]

위 사례들에서 나타나는 공통점은 결혼하지 않아도 배우자 권리를 인정받을 수 있는 제도를 너무 많은 사람이 이미 활용하고 있고, 또 원한다는 점이다. 경제협력개발기구OECD에 따르면, 성인 중에서 파트너와 함께 사는 사람은 약 60퍼센트 정도다. 대부분이 결혼한 관계이거나, 법적으로 등록된 파트너 관계였다. 다시 말해 OECD는 결혼뿐만 아니라 법적으로 등록된 배우자 관계도 가족으로 인정하고 있다. 프랑스와 스웨덴 등 동거 커플을 위한 법률이 있는 나라들은 배우자 관계를 조사할 때 전통적인 혼인 관계, 팍스 등의 계약 제도에 등록된 관계, 단순 동거 커플 등으로 세분화하고 있다. OECD 데이터에서 제도에 속하지 않은 동거 커플은 전체 성인의 10 퍼센트 정도였다. 스웨덴은 동거 비율이 전체 인구의 약 20 퍼센트 정도로 다른 나라에 비해 높은 비율을 보였고, 프랑스와 덴마크 등에서도 동거 비율이 15퍼센트에 달한다.[5] 이들이 법적 보호를 받을 수 있도록 제도를 마련하는 일은 프랑스뿐만 아니라 다양한 국가에서 일어나는 세계적인 흐름이자 자연스러운 현상이다.

새로운 가족의 시대에는 다양한 가족 형태를 존중하는 제도와 문화가 필요하다.

한국에서는 결혼 제도의 문제점이 지적되고 있음에도 불구하고, 실제로 다른 형태의 가족으로 살아가는 사람들의 이야기를 듣기는 쉽지 않다. 한국보건사회연구원의 연구에 따르면 동거 커플의 절반 이상이 동거로 인한 차별을 받은 적이 있다고 한다. 이 중 성적으로 문란하고 비도덕적이라거나, 책임감 없는 사람이라는 부정적인 시선을 받은 경험이 70퍼센트에 달했다. 사정이 이렇기 때문에 동거 사실을 완전히 공개하는 경우가 열 명 중 한 명꼴도 되지 않는다.[6]

　　동거에 익숙한 유럽인들은 결혼한 사이가 아니더라도 가족들에게 서로의 파트너를 소개하는 데 거리낌이 없다. 한국의 상견례 문화에 관해서 이야기하면 "어떻게 결혼 전에 만나 본 적도 없는 사람을 허락할 수 있느냐"고 말하기도 한다. 동거 커플이 특별한 날에 가족 식사에 초대받아 이야기를 나누는 일은 서로의 가족이 어울릴 수 있을지를 가늠하는 과정이기도 하다.

　　한국의 부모님께서는 우리 커플이 아이를 가질 계획이라고 하자 어떻게 결혼을 하지도 않고 아이를 낳을 수 있냐고 말씀하셨다. 프랑스에서는 팍스를 맺고 아이를 낳는 것이나 결혼한 부부가 아이를 낳는 것이나 별다른 차이가 없다고 해도 잘 이해하지 못하신다. 결혼 압박이 거세지면서 내 사정을 잘 이해하고 있던 남동생마저 "부모님을 안심시킬 필요가 있으니 작게라도 결혼식을 치르라"고 말한다. 나이 드신 부모님을 걱정시키고 싶지 않아 어쩔 수 없이 작은 결혼식을 올리려고 한다. 양가 가족들이 함께 저녁 식사를 하는 선으로 준비할 계획이다. 결혼을 결사반대하던 줄리앙도 나와 함께 결혼 압박에 시달린 나머지 스몰 웨딩 정도는 괜찮다고 생각하는 모양이다. 나도 하고 싶지 않은 결혼을 하려고 줄리앙을 설득하느라 정말 힘든 시기를 보냈다.

시어머니 도미니크에게 이런 사정에 관해서 이야기했더니 부모님의 심정을 이해할 수 있다고 하신다. 도미니크가 결혼할 때쯤에는 프랑스 시민들도 다들 그런 생각을 했다면서 말이다. 나이가 들수록 지금의 간극을 극복하기 위해 내 역할이 중요하다는 생각이 든다. 어렸을 때는 거짓말을 해서 불편한 순간을 모면하는 게 편했다. 하지만 이제는 의견 차가 생길 것을 알면서도 부모님과 솔직하게 대화를 나눠야 한다고 생각한다. 새로운 세대의 생각은 기성세대와 다른 방향으로 진화하고 있다는 걸 알려야 한다. 그렇지 않으면 부모 세대는 세상이 바뀌고 있다는 사실을 결코 알지 못할 것이기 때문이다. '부모님은 내 생각을 이해하지 못할 거야'라는 생각에 대화를 시도하지 않으면 개선의 여지도 사라진다. 처음에는 의견 차이가 있을 수밖에 없다. 때로는 서로의 감정이 상할 수도 있다. 그래도 대화를 계속하는 것이 중요하다는 사실을 그간의 경험을 통해서 배웠다. 이야기하다 보면 서로를 이해할 수 있는 여지도 조금씩 생겨난다.

한국은 급속한 경제 발전으로 인해 세대 간의 격차가 어떤 나라보다 크다. 하지만 이 갈등이 터져 나와 사회에서 논의되는 속도는 느린 것 같다. 솔직하게 이야기하는 '충격 요법'을 사용하지 않고 좋은 게 좋은 거라고 넘어간다면 근본적인 문제 해결은 어렵다. 프랑스 사회는 모든 것을 바꾸기 위해 혁명을 일으켰다. 그만한 규모는 아니더라도, 내 주변의 관계에서부터 작은 균열을 일으키며 세상에 자기 생각을 전달해야 한다.

인간은 어느 순간부터 부모님의 울타리를 벗어나서 자기 힘으로 살아야 하는 존재다. 이 사실을 부모 세대도, 자녀 세대도 받아들일 수 있어야 한다. 그렇게 자라난 두 개인이 주변의 간섭 없이 두 사람의 관계를 정리할 수 있어야 진정으로 하나가 됐다고 말할 수 있다. 나아가 국가는 다양한 형태의 가족을 꾸리는 이들의 권리를 인정하고, 이들이 법적 도움을 받을 수 있도록 제도를 개편해야 한다. 다원화 사회의 의미는 시민들에게 다양한 선택지를 제공하는 것이다.

줄리앙, 어떻게 생각해

승연 우리가 8년 전에 한국에 같이 갔던 거 기억하지? 당시에 엄마는 동거 사실을 알고, 아빠만 모르고 있는 상태였어. 나도 막상 아빠에게 동거 사실을 알리려니 겁이 나더라. 그래서 나는 저녁 먹고 집으로 갈 테니까 줄리앙은 호텔에서 자라고 했더니 한국어도 모르는 사람을 두고 어떻게 혼자 집에 가느냐고 엄청나게 서운해했던 기억이 난다.

줄리앙 나는 벌써 20년 전에, 그러니까 10대 후반에도 스웨덴 여자 친구 집에 같이 갔어. 여자 친구 부모님께서도 당연히 내가 여자 친구랑 같은 방에서 잘 거라고 생각했고, 그에 대해 전혀 걱정하지 않으셨어. 그런데 서른이 훌쩍 넘어 한국에 갔더니 내 여자 친구는 자정이 되기 전에 집에 가고 나 혼자 호텔에서 자라는 거야!

승연 호텔에서 자라는 이야기가 얼마나 서러웠으면 눈물까지 흘렸잖아. (웃음)

줄리앙 영화에 나오는 이야기 아닌가 싶었어. 프랑스에서는 자유롭게 생활했던 사람이 한국에 가니까 집에서 하라는 대로 고분고분 말을 듣는 게 충격적이었어.

승연 줄리앙은 부모님 눈치를 전혀 보지 않더라. 한국에서는 여자 친구, 남자 친구랑 여행을 가면 그 사실을 부모님께 숨기는 경우도 많거든. 친한 친구랑 간다고 하거나, 대학에서 단체로 가는 거라고 둘러댄다든가. 아예 연애 사실을 숨기는 친구들도 있었어.

줄리앙 그 이야기를 듣고 깜짝 놀랐어. 도대체 왜 거짓말을 하는 거야?

승연 부모님께서 허락하지 않을 테니까. 결혼하지 않은 자녀가, 특히 딸이 남자 친구랑 여행을 가면 큰일 나는 거라고 생각하시거든. 어떤 부모는 자녀의 연애 사실을 알게 되면 불편한 질문까지 꼬치꼬치 물어보기도 하고. 나이가 어렸을 때는 거짓말을 해서 불편한 순간을 모면하는 게 더 쉽지. 프랑스 사람들은 자녀의 선택을 대체로 존중하는 편인가?

줄리앙 프랑스에서는 만 18세가 넘은 자녀가 어떤 행동을 하든 간섭하지 않는 걸 당연하게 생각해. 그래서 우리가 결혼하지 않은 사이지만, 한국에 가서 승연의 가족을 만나는 게 왜 문제인지를 몰랐어. 승연은 미국에 살다가 한국에 갔을 때 미국에서처럼 행동하다가 아버지와 크게 싸운 적이 있다고 했었지. 더 이상 분란을 일으키기 싫다는 마음은 이해가 갔지만,

성인에게 통금 시간이 있는 것이나 남동생이 있을 때만 밤늦게 다닐 수 있다는 게 신기했어. 나이는 네가 더 많은데 남자라는 이유로 동생의 보호를 받아야 한다니. 사실 그런 문화는 이슬람 사회에만 있는 줄 알았거든.

승연 프랑스는 개인의 선택과 권리를 중시하기 때문인지 파트너와 언제든 헤어질 수 있다고 생각하고, 서로의 전 연인들에 대해서도 개의치 않는 분위기야. 내 친구도 전 여자 친구와 아이를 낳은 남자랑 결혼했어. 지금은 둘 사이에도 아이가 있는데, 전 여자 친구의 아이는 격주로 친구 집에 와서 지내고 방학 때는 거의 절반을 같이 산대. 그런 친구가 한둘이 아니야. 친구 엄마가 전 여자 친구 아이랑, 내 친구의 아이를 함께 봐주기도 하시더라.

줄리앙 그런 가족을 다시 꾸민 가정famille recomposée이라고 부르고 있어. 30대 커플이 전 배우자와의 사이에서 낳은 청소년 자녀를 데리고 살림을 합친 후에 아이를 낳는 거지. 이런 커플이 워낙 많기 때문에 다시 꾸민 가정을 소재로 만들어지는 프랑스 시트콤도 있어.

승연 우리도 아이를 낳을 생각이잖아. 프랑스는 유럽에서 가장 높은 출산율을 자랑하는 나라야. 결혼하지 않은 커플이 아이를 낳는 것에 대한 반감이 전혀 없는 나라라서 가능한 것 같아. 제도가 잘 갖춰져 있으니 낙태가 합법화되어 있어도 많은 사람이 아이를 낳아서 기르는 쪽을 택하지. 하지만 한국은 보육 정책이 부족하다 보니 '나라를 위해서 나에게 출산을 강요하지 말라'는 의견이 많다고 해.

줄리앙 프랑스 시민들도 당연히 나라를 위해서 아이를 낳지는 않아. 세계 대전 이후에나 너무 많은 인구가 죽었기 때문에 의무감을 가지고 아이를 낳았지. 프랑스에서 아이를 낳는 이유는 아이를 너무나 갖고 싶고, 잘 기르고 싶다는 생각 때문이야. 사실 나는 사회 보장 제도 덕분에 아이를 낳을 수 있다는 생각도 하지 않아. 아이에 대한 복지 정책은 너무 오래전에 만들어진 제도이기 때문에 거의 의식하지 못할 수준이라고 느껴지거든.

승연 한국에서는 이혼했다는 사실이 낙인이 되는 경우가 많아. 그래서 다들 문제가 생겨도 이혼을 하지 않으려고 하지. 프랑스 사람들은 배우자와 헤어지는 것을 어떻게 생각해? 특히 팍스 커플은 결혼하지 않은 사이니까 헤어지기도 쉽겠다는 오해들을 하잖아.

줄리앙 프랑스에서도 1970~80년대에는 이혼을 하고 싶어도 못 했어. 지금은 이혼하거나 파트너와 헤어지는 것에 대한 도덕적 거부감이 전혀 없어. 사르코지 전 대통령도 세 번이나 결혼했고, 올랑드 전 대통령은 오래된 파트너와 헤어지고 재임 기간에 여자 친구를 두 명이나 사귀었지. 마크롱 대통령은 고등학교 때 스승과 제자 사이로 만난 교사가 이혼하기를 기다렸다가 결혼했잖아. 우리 세대는 어렸을 때부터 부모님이 결혼했다가 이혼하고, 팍스를 맺거나 동거하다 헤어지는 경우를 너무 많이 봤기 때문에 흔한 일이라고 생각해. 오히려 함께 사는 누군가랑 헤어지지 않고, 한 사람이랑 다툼 없이 지낼 수 있다고 생각하는 게 이상하지.

승연 게다가 프랑스의 이혼 제도는 번거롭고 복잡해. 합의 이혼인 경우에도 변호사 선임 비용이 드니까, 헤어지는 과정을 고려해도 결혼 대신 팍스를 맺는 게 낫지. 팍스를 맺었다 헤어진 경우도 서류에 흔적이 남기는 하지만, 파트너와 살다가 헤어진 사람들에 대한 낙인은 전혀 없는 것 같아. 더 이상 마음이 맞지 않는 사람과 힘겹게 삶을 이어 가는 것이 더 이상하다고 생각해. 게다가 팍스 커플은 서로의 소득을 따로 관리하니까 헤어질 때도 서로의 경제력에 의존하는 경우가 적고.

줄리앙 결혼 제도가 두 사람을 하나로 만들지는 않아. 서로에 대한 애정, 노력이 필요하지. 결혼은 언제든 파기될 수 있는 계약 같은 거잖아. 결혼하지 않더라도 얼마든지 사랑하며 살아갈 수 있어. 오히려 팍스 커플처럼 결혼하지 않은 연인들이 상대방을 영원한 내 사람이라고 생각하지 않기 때문에 연인 관계에 더 집중할 수 있는 것 같아. 이 관계를 유지하기 위해서는 큰 노력이 필요하다고 생각하니까. 서로에게 더 충실할 수 있는 이유인 거지.

시민과 시민의 결합

어렸을 때 결혼은 무조건 좋지 않은 것이라고 생각했다. 엄마가 늘 하셨던 말씀은 "네가 하고 싶은 일을 모두 하고 나서 아이들을 낳아야 한다"였다. 엄마는 시청에서 일하다가 결혼 후에 시댁이 일하는 며느리를 싫어한다는 이유로 짧은 커리어를 마감했다. 시집살이는 쉽지 않았고, 결혼을 했으니 당연히 이렇게 살아야 한다는 얘기를 들은 엄마 세대의 울분을 잘 알고 있던 터라 결혼에 대해 회의적일 수밖에 없었다. 엄마의 사정과는 다르게 평생을 직장에 다닌 이모들이 자립권을 가지고 스스로의 삶을 사는 모습을 보며 결혼은 원하는 것을 하지 못하게 만드는 것이라고 생각했다. 그래서 엄마의 지인이 "승연이는 결혼 언제 하니?"라고 물을 때마다 "저는 절대 결혼 안 해요"라고 대답하곤 했다.

물론 아빠의 경우에도 삶은 쉬워 보이지 않았다. 그는 내가 아는 한 주말을 포함해 매일 일하는 사람이었다. 동이 트기 전에 출근 버스를 타고 사라졌다가, 해가 지고도 한참 후에야 들어오는 사람이었다. 아빠는 엄마에게 월급을 주고 용돈을 받아 썼고, 엄마는 그런 아빠를 최선을 다해 내조했다. 아침마다 옷을 골라 주고, 통근 버스 정류장 앞까지 태워 주고, 좋은 것을 먹였다. 아빠는 나름대로 좋은 회사에 다니는 자신을 자랑스러워했고, 내가 어릴 때는 해외 출장에 다녀올 때마다 워크맨 같은 멋진 선물을 사왔다. 어쩌다 찾아오는 쉬는 날이면, 아빠는 우리를 데리고 친가의 조부모를 보러 갔다. 부모님과 처자식에 대한 책임감이 강한, 효심 깊은 장남이었다.

나이가 들수록 나의 삶을 다른 이들이, 특히 집안 남자가 좌지우지한다는 생각이 미치도록 싫었다. 그래서 부모님을 졸라 유학을 떠났다. 오랜 기간 해외에서 살며 나는 한국과 다른 그들의 삶과 문화에 익숙해졌다고 생각했다. 나의 삶을 스스로 만들어 가고 있다고 믿었다. 그러나 지금의 파트너를 만나 가정을 꾸리게 되면서, 지금까지 내가 알고 있는 가족의 모습이란 엄마, 아빠가 보여 줬던 부모 세대의 삶이었다는 걸 깨닫고 깜짝 놀랐다. 고등학교와 대학교를 미국에서 다녔음에도 늘 또래 친구와만 있었기에 이들의 가족은 어떤 방식으로 사는지 관찰할 수 없었다. 기숙사 안에서 생활하던 교사 부부나, 미국의 친구들 집에 초대받아 봤던 단편적인 모습들이 전부였다.

대학에서 만난 이들은 커플이라 해도 기숙사에서 생활하거나, 여러 명이 어울려 커다란 집에서 같이 사는 경우가 많았고, 보편적으로 생각하는 커플과는 거리가 있었다. 그래서 내가 아는 미국의 결혼 생활이란, 할리우드 영화나 시트콤에 나오는 가상의 관계밖에 없었다. 영화 속에 비친 관계란 로맨스 영화처럼 현실감 없이 달콤하거나, 서로가 서로를 미워하는 파국 직전의 모습, 시트콤처럼 희로애락을 나누는 것 같지만 진짜 감정은 웃음으로 무마해 버리는 가벼운 모습이었다. 미국인들에게도 그들만의 가족상이 있겠지만, 미국 생활 동안은 어른의 삶을 접하고 알아 갈 수 있는 적절한 시기와 기회를 만나지 못했다.

법적으로 성인이 된 지 꽤 지났음에도, 스스로를 온전한 개인이라 생각하고 보낸 시간은 프랑스에서가 처음이었다. 프랑스에서 만난 이들은 연애와 섹스, 삶에 대해 더 자연스러운 태도를 가지고 있었다. 오랜 시간 행해진 관습이라 해도 그것이 모두가 고집을 부려서 지켜야 할 만큼 대단하지 않다는 것을 시간과 경험을 통해 알고 있는, 유럽인들의 나라였다. 줄리앙을 만나서 그와 삶을 나누기 시작할 때, 한국이나 미국에서 느끼지 못했던 진짜 자유와 해방이 무엇인지 느낄 수 있었다.

줄리앙과 동거를 하겠다고 했을 때, 엄마는 왜 그러고 싶은지 물어봤다. 줄리앙을 만나기 전까지 나는 젊음에 취해 늦게까지 술을 먹고, 파티에 가고, 다음 날 회사에서는 숙취를 견디며 일하는 어지러운 생활을 했다. 그러다 줄리앙을 만나고, 굳이 밖에 나가 사람을 만나지 않아도 혼자가 되지 않는다는 기쁨, 특히 나와 생각과 행동이 비슷한 사람을 곁에 두고 생활할 수 있다는 안도감을 느꼈다. 그런 사람을 찾는 일이나 오래 함께 생활하는 일이 쉽지 않다는 사실은 많은 인간관계에서 상처를 받으며 터득한 바였다. 동거를 하면서 우리는 서로를 더 깊이 이해할 수 있었다. 동거를 해보지 않았다면 그와 함께 평생을 보내겠다는 결정은 내릴 수 없었을 것이다. 그리고 동거에서 팍스를 거치며, 정말 가족 같은 파트너로 살고 있다.

한국에서 청년 세대가 결혼을 꺼린다거나, 출산율이 줄어들고 있다는 언론 보도를 접할 때마다 댓글을 유심히 봤다. 남녀 모두 결혼이 서로에게 손해가 되는 행위라고 생각하고 있었다. 결혼은 힘들고 거친 세상을 함께 헤쳐 나갈 수 있는 사람을 만나 서로 돕고 살아가기 위한 것이다. 이런 결혼이 왜 한국에서는 남녀가 싸우는 이유가 될까. 많은 여성은 자신의 결혼 생활을 힘들게 하는 시댁이나 도움을 주지 않는 남편을 저주하고, 남성은 힘들게 번 돈으로 편안하게 생활하고 있다며 아내를 원망했다. 함께 살기 위한 방법을 고민하는 과정보다 결혼이라는 절차를 밟는 것을 중요시하고, 결혼 후에는 쉽사리 그 관계를 정리하지 못하는 것이 한국의 결혼이 아닐까.

그럼에도 불구하고 나는 결혼을 해야 하나 고민하는 중이다. 아이를 낳고 싶다고 말하자, 한국의 부모님이 결혼을 종용하기 시작하셨다. 팍스를 맺었다고 말했음에도 불구하고 부모님은 이해하지 못하셨다. 결혼도 하지 않은 사람이 어떻게 아이를 갖느냐는 이야기만 하셨다.

"엄마, 팍스는 결혼 같은 거야. 정부에서도 인정을 해줘서 우리는 세금도 같이 내. 프랑스에서는 팍스 관계에서 태어난 아이나, 결혼을 한 가족의 아이들, 싱글 맘이나 싱글 대디의 아이들도 제도적인 차별을 받지 않아."

"그래도 우리가 줄리앙 부모님을 뵙지 않고 너희 둘이 해버린 결정을 어떻게 혼인이라고 말할 수가 있니."

부모님 세대는 결혼을 두 가문이 결합하는 것이라 생각한다. 과거 한국에서 결혼은 서로에게 애정이 있는 두 사람의 결합이 아니었다. 인간이 자손을 늘리기 위해 만들어 낸 시스템에 불과했다. 그렇지 않다면 남녀가 결혼식 당일에야 처음 만나 부부의 연을 맺었다는 이야기를 어떻게 이해할 수 있을까. 이런 얘기가 오랜 옛날 일처럼 느껴진다면, 결혼이라는 제도도 새로운 형식으로 바뀌어야 한다. 팍스는 과거의 결혼이 아닌, 시민과 시민의 결합이라는 새로운 가족상을 제시한다. 가족의 형태가 대가족에서 핵가족으로 바뀌었고, 그 모습이 자연스러워진 것처럼 우리는 새로운 시대의 변화에 맞는 방식으로 응답을 해야 한다. 우리의 사고 기능이 퇴화하지 않는 한 앞으로 나아가야 한다면, 지금 이 시기에 꼭 필요한 것은 새로운 형태의 결합을 인정하는 일이다.

주변의 프랑스 친구들은 결혼을 꼭 해야 한다고 생각하지 않는다. 오히려 시간과 비용을 들여 결혼식을 올린 이들이 헤어지는 경우를 더 자주 접할 수 있다. 팍스에 대해 부정적으로 생각하는 이들이 가장 많이 하는 오해가 쉽게 계약을 맺을 수 있는 만큼 헤어지기도 쉬울 것 같다는 것이다. 물론 프랑스에서도 팍스보다 결혼을 더 강한 맹세를 한 것으로 여기는 분위기는 있다. 그러나 프랑스에서는 커플이 동거 후에 팍스를 택하는 경우가 일반적이며, 줄리앙과 나처럼 오랜 시간을 함께 살며 서로를 이해한 상태에서 현실적인 이유로 팍스를 맺을 경우 헤어질 확률이 크지 않다.

베스Beth는 3년 정도 사귀던 파트너와 1년 전에 팍스를 맺었다. 둘 사이에서 태어난 아이 때문인데, 베스는 지금의 파트너와 결혼할 생각이 있음에도 팍스 관계를 조금 더 유지하고 싶다는 소신을 밝혔다. 이혼 경험이 있는 그는 "지금의 파트너와 더 진솔하고 신중하게 미래를 고민할 시간을 가지고 싶다"며 "아이를 키우는 게 우선이니 결혼은 상의를 통해 천천히 진행할 계획"이라고 했다. 한국에서 동거는 완성된 관계가 아니라는 생각이 강하다. 젊은 커플이 동거를 한다고 하면, 경솔하다거나 성 관념이 가볍다는 식의 이야기를 들을 때도 있다. 그러나 우리는 함께 살고부터 지금까지, 서로를 진실한 태도로 대했고, 충실하게 살았으며, 즐거울 때나 어려울 때나 서로가 서로의 든든한 버팀목이 되어 왔다.

우리는 결혼이 아닌 시스템으로도 우리의 관계를 유지할 수 있다는 생각에 팍스를 맺었고, 팍스를 맺은 이후에도 앞으로 쭉 함께 생을 보낼 파트너로서 서로를 대하고 있다. 회사를 그만두고부터 나는 줄리앙과 많은 시간을 보내고 있다. 프리랜서라는 직업을 갖고 있기 때문이기도 하고, 잡지에 낼 원고에 필요한 취재를 하러 갈 때 사진작가인 줄리앙이 도움을 주기 때문이기도 하다. 그와 나는 가장 친한 친구이자 연인, 가족, 파트너로서 서로를 위하고 아끼며 살아간다.

물론 서로를 너무 잘 알기에 그만큼 상처를 주기도 쉬운 사이다. 이럴 때 중요한 것이, 서로가 하고 싶은 이야기를 모두 털어놓고 반성과 발전의 기회를 주는 것이다. 결혼은 동화가 아니라 현실이라고들 말한다. 팍스를 맺은 관계도 마찬가지다. 우리는 언제든 헤어질 수 있는 가벼운 관계로 서로를 생각하고 있는 것이 아니라, 오랜 시간을 함께 보낸 파트너로서 서로를 대한다. 이것은 내게도 새로운 경험이었다. 우리 둘의 관계를 우리 스스로 꾸려 갈 수 있는 프랑스 사회에서 나는 새로운 결혼상을 그리고 있다.

에필로그 결혼이 유일한 선택지일까?

부모님을 조르고 조른 끝에, 둘째 이모가 살고 있던 미국 뉴욕으로 떠난 것이 중학교 2학년 때였다. 그때만 해도 유학이 내 인생을 뒤바꿔 놓을 엄청난 결정이라는 사실을 잘 몰랐다. 부모님께서도 미국 생활이 나란 사람을 이렇게 바꾸어 놓을지는 몰랐을 것이다. 미국에서 대학까지 졸업하는 동안, 나는 그들의 무모할 정도로 긍정적인 마인드와 추진력을 배우면서 도전적인 사람으로 자랐다. 대학 졸업과 동시에 프랑스로 건너갈 꿈을 꾼 것도 미국에서 공부한 영향이 클 것이다.

새로운 삶을 시작할 도시로 파리를 고른 건, 어학연수로 방문했을 때 받은 느낌 때문이었다. 모든 건물이 최신식인 한국과 미국을 떠나 고풍스러운 분위기가 물씬 풍기는 유럽 땅을 밟았을 때의 환상적인 느낌은 이루 말할 수 없었다. 유적지 같은 건물이 즐비한 오래된 도시였지만 사람들의 마인드는 오히려 미국보다 더 개방적이었다. 미국에서는 제재의 대상인 문제들이 프랑스 사회에서는 문제로 인식조차 되지 않았다.

물론 프랑스 생활이 쉽지는 않았다. 패션 회사에서 액세서리 디자이너로 커리어를 시작했는데, 모국어가 아닌 불어를 사용해 비즈니스를 하려니 여간 벅찬 게 아니었다. 하지만 회사 일보다 힘들었던 건 의지했던 친구들이 자국으로 돌아가는 일이었다. 내 주변에는 여전히 영미권 친구들이 많았고, 이 친구들은 파리에서 2~3년쯤 살다가 고향으로 가버렸다. 프랑스에서 나고 자라지 않아서 그런지 언어의 장벽 탓인지 프랑스 사람들과 친구가 되기는 어려웠다.

나의 배경에 대해서 쓴 이유는 내가 한국 사정을 잘 모른다는 사실을 솔직하게 털어놓고 싶어서다. 한국의 누군가에게 팍스 제도에 대한 이야기는 속 편한 소리처럼 들릴지도 모른다는 걸 알고 있다. 타국에서 살아온 지도 20년이 넘었으니 당연한 일이다. 나는 오랜 시간 한국 사회와 떨어져 지냈고, 가족과 통화할 때를 빼면 한국어도 거의 쓰지 않는 편이다. 회사에 다닐 때는 거의 4년 가까이 한국에 가지 않은 적도 있다. 2013년부터 회사를 그만두고 한국의 패션 잡지에서 프리랜서 에디터로 일하면서 한국 사정을 조금씩 알게 됐지만 여전히 한국의 문화를 잘 안다고 말할 수 있는 수준은 아니다. 이런 내가 한국에 새로운 결혼 문화가 필요하다고 이야기하는 것이 불편하게 느껴질 수도 있다. 하지만 내가 이 글을 쓰는 이유는 한국을 헐뜯고 싶어서가 아니다. 결혼 이외의 대안을 가질 수 있다면 더 나은 삶을 살 수 있다는 이야기를 하고 싶었다.

줄리앙과 동거하는 동안 엄마 속을 많이 상하게 했다. 나는 파리 사회에 적응하고 살아남기 위해 주변 사람들이 인생을 어떻게 사는지 지켜보며 치열하게 나의 길을 찾아왔다. 그런데 내가 받아들인 프랑스의 문화가 한국에 사는 엄마에게는 낯선 문화였다. 줄리앙과 아이를 낳을 생각이라고 하자 엄마는 놀라서 길길이 뛰셨다. 결혼도 하지 않은 사람들이 어떻게 아이를 낳느냐고 말이다. 나는 그때까지 결혼의 필요성을 느끼지 못하고 살았고, 팍스 계약을 맺은 우리가 아예 결혼을 하지 않은 상태는 아니라고 생각했다.

한국에서는 결혼하지 않는다는 말이 독신으로 살겠다는 것으로 받아들여진다. 결혼만이 연인 관계인 두 사람의 사랑을 보증해 줄 수 있는 유일한 제도이고, 동거는 아직 어른이 되지 못한 학생이나 선택하는 것이라고 생각한다. 그러나 최근 한국에서도 젊은 세대를 중심으로 전통적인 가족상을 거부하는 사람들이 늘어나고 있다. 자유롭게 연애하고 싶어 하는 청년들은 동거를 꿈꾸고, 이것이 상대를 더 깊이 알아 갈 수 있는 방법이라고 생각한다. 결혼 생활을 유지하기 위해 드는 비용이 만만치 않다는 사실이 결혼 거부의 이유일 수도 있고, 한국의 결혼 문화가 여성에게 희생을 요구하기 때문일 수도 있다. 그러나 근본적인 이유는 점점 더 많은 사람들이 결혼으로 만들어지는 가족만을 정답으로 여기지 않는다는 것이다. 이런 세대를 보면서 여전히 과거의 기준을 들이대는 것은 시대 흐름에 뒤떨어진 일이 아닐까 생각한다.

나는 9년 전부터 줄리앙과 동거하고, 4년이 넘게 팍스 관계를 유지하고 있다. 우리는 같은 공간에 살면서 매 순간을 함께하고, 수많은 대화를 통해 공통의 가치관을 공유하고 있다. 이제는 아이를 낳아서 기를 생각도 한다. 한국의 가족관에 비추어 보면 우리는 여전히 미완성의 관계다. 하지만 부모님 성화를 이기지 못하고 결혼식을 서두르는 커플, 결혼하고 나서 생활 습관 차이를 극복하지 못하고 헤어지는 커플들에 비교하면 어떤가. 극단적인 예시일지 모르겠지만, 결혼이라는 제도 자체를 통과한다고 해서 연인, 가족 관계가 굳건해지는 것은 분명히 아니다.

이 글에는 줄리앙과 내가 팍스 계약을 맺고 한 공간에서 살아가는 것에 대해 가지고 있는 생각과 주변 사람들이 동거를 하고 아이를 낳으며 다양한 가족 형태로 살아가는 모습을 담았다. 많은 분들이 결혼과 가족의 의미에 대해 생각해 보기를 바라는 마음이다. 꼭 결혼이라는 선택을 하지 않더라도, 서로를 알아가는 시간을 통해 함께 사는 것의 의미를 되새길 수 있는 문화가 한국에도 생겨나면 좋겠다.

나아가 다양한 가족 형태를 인정하고, 이들이 제도의 보호를 받을 수 있도록 관련법을 정비하는 프랑스 사회를 통해서 국가와 개인의 관계가 어때야 하는지를 질문할 수 있다면 더할 나위 없이 좋겠다. 이성 간의 결합만을 바람직한 가족으로 제시하고, 다른 형태의 결합을 금지하니 결혼 제도 밖으로 이탈하는 시민들은 더 많아진다. 저출산이 심각한 사회 문제로 대두되지만, 혼외 관계에서 태어난 아이들은 제대로 보호받지 못하고 있다. 한국에서는 기존의 규칙을 고수하느라, 실제로 국민의 생활에 필요한 제도는 뒷전이 되는 모양새다.

세계에서 한국처럼 빠른 시간에 고도로 성장한 나라는 이스라엘 정도밖에 없다고 한다. 그래서 앞으로가 중요하다. 선진국이라 불리는 나라들은 모두 과거의 전통과 관습을 타파하고 현재의 가치를 만들어 가는 과정을 거쳤다. 동시대의 사고방식에 맞지 않는 기준은 과감히 삭제하고 미래를 지향해야 한다. 개인의 일상과 밀접한 결혼과 가족의 문제에서부터 새로운 변화를 위한 마음가짐이 필요하다.

주

1 _ 손진석, 〈"프랑스 여성들 83%가 일한다… 출산해도 실직 걱정 안 해"〉, 조선일보, 2018. 5. 9.

2 _ 백승흠, 〈혼인과 비혼 – 프랑스의 PACS를 중심으로〉,《한국사회과학연구 Vol.37 No.1》, 2015.

3 _ NINA, 〈스웨덴 삼보 비자 인터뷰〉, 네이버 블로그.

4 _ 엄수아, 〈대통령마저 '동거'? 결혼과 독신의 대안〉,《여성신문》, 2014. 5. 1.

5 _ 변수정·김혜영·백승흠·오정아·기재량, 〈다양한 가족의 출산 및 양육실태의 정책과제 – 비혼 동거가족을 중심으로〉,《한국보건사회연구원 연구보고서 Vol.2016》, 2016.

6 _ 변수정·김혜영·백승흠·오정아·기재량, 같은 글.

북저널리즘 인사이드　　　차이를 이해하고
　　　　　　　　　　　　공존하는 법

한국의 20대 여성인 나에게 결혼은 썩 내키지 않는 일이다. 주변에도 결혼하지 않을 권리를 이야기하거나 결혼을 해도 아이는 안 낳겠다는 친구들이 많다. 가사 노동에 대한 부담, 시집살이의 고충, 독박 육아와 경력 단절. 평생 함께하고 싶은 사람이 있다는 이유만으로 결혼하기에는 희생하고 포기해야 할 부분이 너무 많아 보인다.

프랑스의 팍스 제도를 보면서 '이런 결혼이라면 해볼 만하다'고 생각했다. 팍스는 두 성인이 계약을 통해 배우자로서의 권리를 인정받을 수 있는 제도다. 시민 연대 결합이라는 명칭이 의미하듯 두 시민이 가족으로 결합하는 계약이다. 증인이 필요 없고, 계약을 맺고 끊는 절차도 간단한 서류를 작성하고 제출하는 정도로 해결된다.

그렇다고 팍스가 헤어지기 쉬운 가벼운 관계는 아니다. 오히려 언제든 헤어질 수 있다는 관계의 본질을 인식하고 끊임없이 노력하는 평등한 관계가 팍스 제도를 탄생시킨 프랑스의 가족 문화. 프랑스 사람들은 가족을 꾸려도 독립적인 개인으로 생활할 수 있어야 한다고 믿는다. 배우자가 있어도, 아이가 있어도 혼자만의 시간을 갖고 개인의 행복과 가치를 추구하는 것이 중요하다고 생각한다. 이들에게 자신의 공간에 타인을 들이고 가족이 된다는 것은 깊은 고민의 결과일 수밖에 없다.

프랑스에서 팍스 커플로 사는 저자는 "서로가 공존할

방법을 찾아가는 과정에서 가족이 된다는 것의 진짜 의미를 배운다"고 말한다. 결혼이나 팍스, 동거와 같은 결합의 형식이 아니라, 함께 생활하면서 상대를 배려하고 존중하는 태도에서 가족이 만들어진다는 것이다.

한국의 저출산 문제를 해결할 대안으로 출산율이 높은 프랑스의 팍스 제도가 거론되곤 한다. 그러나 우리가 주목해야 할 것은 팍스라는 제도 이면의 문화다. 팍스는 결혼이나 출산 여부와 무관하게 개인의 권리를 존중하는 프랑스의 문화에서 탄생한 제도이기 때문이다. 결혼을 하고 아이를 낳은 후엔 개인의 행복이나 가치를 포기해야 하는 사회라면 팍스와 비슷한 제도를 도입한다고 해도 평등한 시민 간의 계약이라는 취지를 살리기는 어려울 것이다.

서로 다른 개성을 지닌 이들이 그 모습 그대로 함께하는 것. 끊임없이 서로의 차이를 이해하기 위한 노력을 기울이는 것. '모두에게 평등한 결혼'이라는 팍스 제도의 취지를 일상에서 구현하고 있는 프랑스 사회의 모습은 진정한 가족의 의미를 말하고 있다.

곽민해 에디터